W0310977

IKIGAI

Wie du den japanischen Weg zum Glück in dein Leben integrierst

Durch einzigartige fernöstliche Lebenskunst sich selbst finden, innere Stärke aufbauen und Alltagsstress loslassen

MANABU YAMAMOTO-MÜLLER

IKIGAI

Wie du den japanischen Weg zum Glück in dein Leben integrierst

Durch einzigartige fernöstliche Lebenskunst sich selbst finden, innere Stärke aufbauen und Alltagsstress loslassen

Manabu Yamamoto-Müller
© 2020 Williams & Brown
ISBN: 9783982177564

Inhaltsverzeichnis

Einleitung: Zwischen Alltagsstress und Leere

Die Ampel springt auf Orange und man drückt auf das Gaspedal. Irgendwie fühlt es sich an, als wäre man in Watte gepackt worden; die Stimme aus dem Radio dringt nur gedämpft bis ins Gehirn durch und die Hektik im Straßenverkehr beobachtet man durch einen trüben Filter.

Täglich rollt ein immer wiederkehrendes Laufrad von müdem Aufstehen, monotonem Frühstückmachen, starrem Autofahren, mittelmäßiger oder auch teilweise spaßiger Arbeit und perfekt routinierte Abende durch das eigene Leben und lässt wenig Spielraum für Kreativität und Freiheiten. Man weiß nicht genau, ob man das, was man tut, tut, weil man es wirklich tun *will* oder ob es nur eine Manifestation dessen ist, was erwartet wird. Von der Gesellschaft im Allgemeinen oder von Gleichaltrigen, mit denen man sich immer wieder vergleicht. Wer hat seine Zeit effizienter genutzt? Wer ist beruflich erfolgreicher? Das ständige nach links und rechts sehen, nachsehen, was die anderen machen, stiftet Verwirrung. Der unaufhörliche Vergleich und der damit oft einhergehende Leistungsdruck führen zu Orientierungslosigkeit und am Ende weiß man nicht mehr, was man *wirklich* will. Oft fehlt morgens die nötige Motivation, um aus dem Bett zu kommen, und man fragt sich, warum das so ist. Eigentlich gefällt mir mein Beruf, eigentlich bin ich mit meinem Lebensstil zufrieden. Eigentlich. Und wenn eigentlich nicht reicht?

Die ewigen Tretmühlen des Alltags können schwer auf den eigenen Schultern lasten, wenn man keine innere, anhaltende Befriedigung in seinem Alltag oder im Beruf empfindet. Eingebettet in der Routine und in den hohen Ansprüchen, die von Perfektion und Selbstoptimierung geprägt sind. Es ist nur logisch, dass aus solch einem Gefühl eine innere Leere entstehen kann. Erst ist sie nur sonntags spürbar, wenn der Wochenstress abgefallen ist und man viel Zeit hat zur Ruhe zu kommen.

Selbstverständlich bleibt es manchmal nicht nur bei einer „Sonntagsleere", denn so kann sie sich natürlich auch ausbreiten und in anderen Lebensbereichen auftauchen. Und man stellt sich erneut die Frage: Warum? Wie kann es sein, dass andere ein glückliches, erfülltes Leben führen, voller Harmonie und Achtsamkeit, während man selbst mäßig zufrieden ist und sich immer wieder mit größter Kraft motivieren muss? Wie können manche Menschen voller Motivation und Tatendrang den Tag beginnen und sich trotz äußerlich bedingter Schwierigkeiten nicht destabilisieren lassen? Was unterscheidet sie? Auf diese Fragen gibt es eine recht einfache Antwort: Der große Unterschied besteht darin, zu wissen, *warum* man etwas tut. Dass man auf die Frage: „Was motiviert dich morgens aufzustehen?" eine klare Antwort geben kann. Stellen wir uns vor, wir würden unseren Arbeitsplatz erfüllt verlassen, weil wir wie *Simon Sinek* wissen, warum wir tun, was wir tun und warum wir es gerne tun. Weil wir wissen, wie und warum uns unsere Arbeit langfristig zufrieden macht und weil wir mit *uns* und dem, was wir tun, von Innen heraus im Einklang sein können. Stellen wir uns vor, wir würden unsere Freizeitplanung nicht als Stress oder Schlachtfeld von „Wer hat mehr Termine in seinen Kalender?" betrachten, weil wir genau wüssten, wie wir unsere Zeit verbringen wollen – ungeachtet der Verlockungen, die durch die analoge oder digitale Welt entstehen können. Stellen wir uns vor, wie erfüllt unser Leben wäre, wenn wir gezielt nach den Dingen suchen, die wir brauchen und unsere Entscheidungen anhand eines ganz persönlichen und individuell passenden Kompasses treffen würden. Ein Kompass, der uns verrät, welche Optionen, welche Entscheidungen im Großen wie im Kleinen möglichst gut zu uns passen und uns somit langfristig glücklich machen. Wer ein erfülltes Leben lebt, im Einklang mit sich und seiner Umwelt agiert, wird vermutlich ein langes, glückliches Leben führen können.

Nicht zufällig leben die meisten Hundertjährigen weltweit auf der Insel *Okinawa* in Japan. Denn hier entstand einst die Konzeption des *Ikigai.* Wobei *iki* „Leben" und *gai etwas wie* „Sinn", „Ergebnis" oder „Grund" wortwörtlich übersetzt bedeuten. Somit meint *Ikigai*: „das, wofür es sich zu leben lohnt" oder auch „das Glück immer beschäftigt zu sein". Also das, was dich frühmorgens motiviert aufzustehen und zur Arbeit zu gehen. Das, was dich motiviert den vielen, teils langweiligen oder anstrengenden Gegebenheiten und Verpflichtungen im Leben zu trotzen. Der kleinste gemeinsame Nenner all deiner Entscheidungen, die Grundlage deines Denkens.

Ikigai gilt als vielschichtige, umfassende, erhellende und inspirierende, japanische Lebenskunst. Sie beruht auf Harmonie, dem Geben und Nehmen innerhalb einer Gesellschaft und hat einen sehr persönlichen Charakter. Sie geht davon aus, dass jeder Mensch ein *Ikigai* hat, manchmal ist es tief im Inneren verborgen. Dieses *Ikigai* gibt uns die Kraft, morgens aufzustehen, es gibt uns die Kraft, private und berufliche Herausforderungen zu meistern und das nötige Durchhaltevermögen, um unsere Herzensangelegenheiten umzusetzen. Das eigene *Ikigai* zu finden, wird auf harmonische und liebevolle Weise die Tretmühlen des Alltags besiegen, uns zu einer dauerhaften Gesundheit verhelfen und ein erfülltes, von andauerndem Glück begleitetes Leben ermöglichen. Denn es ist kein Geheimnis, dass ein von Selbstoptimierung, digitaler Anerkennung und Leistungsdruck bestimmtes Leben nicht gesund sein kann.

Doch was verbirgt sich hinter der Lebenskunst *Ikigai* nun konkret? Wie können wir unseren Alltag so strukturieren, dass wir dauerhaft glücklich und gesund werden, beziehungsweise bleiben? Wie können wir aus den Anstrengungen und den Tretmühlen des Alltags ein Leben voller Harmonie, Einigkeit und Achtsamkeit entwickeln? Lasst uns an dieser Stelle von den vielen Menschen auf der japanischen Insel Okinawa lernen, die ihre Alltagsentscheidungen erfolgreich anhand ihres *Ikigai* treffen und offensichtlich ein langes, glückliches, gesundes Leben führen. Lasst uns von fernöstlichen Lebensweisheiten und von der japanischen Lebenskunst *Ikigai* inspiriert werden und lasst uns sehen, wie wir unser *Ikigai* in unseren Alltag integrieren können. Denn ein Leben mit einem aktiven *Ikigai* ist ein Leben, in dem Orientierungslosigkeit, Tretmühlen und anhaltende innere Leere keinen Platz haben. Die Verknüpfung von fernöstlicher Spiritualität und Weisheiten aus dem japanischen Kulturkreis mit unserem westlichen Alltag kann uns eine große Stütze sein, was Alltagsbewältigung sowie große und kleine Entscheidungen betreffen.

Wenn also auch du erfahren möchtest, wie die Hundertjährigen der Insel Okinawa ihr Leben so lebenswert und erfüllend gestalten; wenn auch du die Freude an der Vielfalt und Freude an den kleinen Dingen im Leben finden möchtest; und wenn auch du dir in Zukunft die Zeit nehmen möchtest, bei einer rotwerdenden Ampel zu halten, dann lasse dich ein auf deine Reise zu mehr Achtsamkeit, Ruhe und Harmonie: Auf eine Reise zu deinem *Ikigai*!

Express-Ikigai-Test

Anhand dieser Fragen kannst du prüfen, ob du dein persönliches Ikigai bereits lebst oder ob es noch darauf wartet, von dir entdeckt zu werden.

- Kannst du anderen voller Begeisterung davon erzählen, was du täglich machst und was dich täglich bewegt und sie damit auch anstecken und inspirieren?
- Gibt es etwas, das deine Motivation immer wieder aufs Neue fördert?
- Ist es etwas, wofür du jeden Morgen mit Freude aufstehst und dankbar bist, es leben zu dürfen?
- Verleiht es dir Energie?
- Fühlt es sich tief in deinem Herzen richtig an?
- Spürst du, dass du dabei ganz du selbst sein kannst?
- Hilft es dir, dich wacher, aufmerksamer, konzentrierter und lebendiger zu fühlen?
- Spürst du, dass dein Leben dadurch erfüllter und bunter wird?
- Hast du damit eine positive Wirkung auf andere Menschen und die Gesellschaft?
- Erlebst du regelmäßig im Alltag kleine und große schöne Momente, für die du dankbar bist und die dich glücklich machen?

6 IKIGAI

KAPITEL 1:
Woher kommt Ikigai?

Nun stellst du dir vielleicht die Frage: Warum sollte ich mich ausgerechnet auf eine Reise zu meinem *Ikigai* begeben? Warum *Ikigai*? Dies ist durchaus eine berechtigte Frage und um ein passendes Bild davon vermitteln zu können, wie wertvoll, hilfreich und komplex *Ikigai* sein kann, soll an dieser Stelle eine kleine Anekdote aus Japan erzählt werden. skizziert uns frühmorgens

Hirok Fujita ist ein Thunfischhändler, der auf dem bekannten Tsukiji- Markt in Tokio arbeitet. Bei ihm kaufen die großen, wie die kleinen Sushi-Restaurants Fisch, denn sie sind nichts anderes als seine herausragende Qualität gewöhnt. Doch was unterscheidet Hirok Fujita von den anderen Thunfischhändlern? Wieso hat gerade er besonders viel und zuverlässige Kundschaft? Hirok Fujita hat es sich zur Aufgabe gemacht, immer den feinsten und besten Thunfisch zu verkaufen. Doch dies gelingt ihm nur, wenn er sehr früh aufsteht, um nicht zu verpassen, was auf dem Markt geschieht. So muss er alle angebotenen Thunfische abtasten und die besten aussuchen, denn seine Kunden verlassen sich auf ihn. Durch seine jahrelange Erfahrung und seinen Ehrgeiz kennt er sich besonders gut mit Thunfisch aus und kann nach sorgfältigem Prüfen die besten Fische aussuchen. Hirok Fujita ist offenbar sehr überzeugt von seiner Arbeit und weiß, dass er das Richtige tut. Denn er tut das, wofür er berufen ist, was ihm gefällt und was ihm liegt und was die anderen, in diesem Fall die Sushi-Restaurants, brauchen. Und das macht sein *Ikigai* aus. Es gibt ihm die Kraft, jeden Morgen um zwei Uhr aufzustehen, um zum Markt zu gehen und Fische zu kaufen. Es gibt ihm die nötige Motivation, die zahlreichen Thunfische zu überprüfen und dauerhaft wachsam zu sein, um sich nichts entgehen zu lassen. Seine Arbeit scheint ihn zu erfüllen und ihn anzutreiben, weiter zu machen.

Du siehst nun also, welch ein praktisches Werkzeug *Ikigai* sein kann. Im Laufe des Buches werden wir zusammen feststellen, dass *Ikigai* dich dabei unterstützen kann, ein gesundes, glückliches Leben zu führen. Von Stress befreit und im Einklang mit deiner Umwelt. Ken Mogi spricht davon, ein längeres, mit Achtsamkeit gefülltes Leben führen zu können, und eventuell zeigen sich die Lorbeeren der erfolgreich umgesetzten Lebensphilosophie in Kreativität und Erfolg. Obwohl an dieser Stelle angemerkt werden soll, dass Ruhm und Reichtum nur eine mögliche Folge sind, die Früchte des erfolgreich integrierten *Ikigai* können auch viel kleiner und unscheinbarer sein. So lange sie für dich von Bedeutung sind, haben sie ihren Zweck erfüllt.

Um die Wirkungskraft einer Philosophie vollständig begreifen zu können, muss man oft an den Entstehungsort reisen und nach den Wurzeln suchen. So begeben wir uns nun auf die Reise, die Herkunft von *Ikigai* näher kennenzulernen. Gerade in diesem Kontext ist es besonders wichtig, sich mit dem Ursprung von *Ikigai* zu befassen, da *Ikigai* eng mit der japanischen Kultur verbunden ist und aus einer traditionsreichen Kultur gewachsen ist. Dies unterstützt auch die These des englischen Psychologen Francis Galton: Wichtige, die Persönlichkeit betreffende Begrifflichkeiten halten Einzug in die Alltagssprache und verschmelzen zu einem Wort. Beide Phänomene können wir bei *Ikigai* beobachten, denn *Ikigai* besteht aus zwei Wortteilen. *Iki*, bedeutet „Leben“ und *gai* meint „Sinn“. Der Begriff *Ikigai* beschreibt somit den Sinn des Lebens und die Freuden daran. *Ikigai* repräsentiert also deinen persönlichen Motor, der dir hilft, deinen Alltag mit all seinen Tiefen und Höhen zu meistern. In der japanischen Alltagssprache wird *Ikigai* bereits auf ganz natürliche und selbstverständliche Art und Weise verwendet. Doch was hat es nun genau mit dem Wunderbegriff auf sich? An erster Stelle gilt zu erwähnen, dass viele Japaner ein *Ikigai* haben; das hat dennoch, wie wir bereits gesehen haben, nicht unbedingt etwas mit Reichtum oder Erfolg zu tun. Jeder Mensch kann *Ikigai* haben, ob er nun Großes vollbringt oder sich – von außen betrachtet – kleinen Angelegenheiten widmet, macht keinen Unterschied. Für die Japaner kommt es nicht darauf an, dass *Ikigai* für etwas Bestimmtes *einzusetzen*, vielmehr geht es um individuelles Glück und Frieden mit der Gesellschaft. Dies kann durchaus zu Anerkennung von außen führen, muss aber nicht. In der japanischen Welt wird das Kollektiv sehr geschätzt, somit spiegelt der Aspekt der Harmonie mit der Umwelt im *Ikigai*, japanische Gesellschaftsbilder wider.

Der Lebensalltag auf Okinawa

Nun aber noch mal zurück nach Okinawa, der Insel der Hundertjährigen. Eigentlich beziehen sich die Statistiken um die wundersame „Hundertjährigkeit“ der Inselbewohner hauptsächlich auf ein Dorf im Norden der Hauptinsel. Dieses Dorf heißt Ogimi und hier leben die Menschen mit der weltweit höchsten Lebenserwartung. Warum werden die Menschen dort so alt und welche Rolle spielt *Ikigai* dabei? Langlebigkeit ist durch unterschiedliche Faktoren gekennzeichnet. Abgesehen davon, dass vermutlich jeder Mensch auf der Insel die Frage nach dem *Ikigai* konkret beantworten könnte, zeichnet sich die Lebensweise unter anderem durch gesunde Ernährung aus. Das Essen wird auf kleinen Tellern serviert und der vorbereitete Teller kommt auf den Tisch, nicht jedoch das eigentliche Essen. Somit soll verhindert werden, dass man zu viel isst. Sowohl kleine Teller als auch das nicht in Reichweite stehende zubereitete Essen verführen nicht zu einem übervollen Magen. Es ist schließlich kein Geheimnis, dass es eine kleine Weile dauert bis die Information des Magens, dass er voll ist, im Gehirn ankommt. Sprich, es kommt im Normalfall häufig dazu, dass man einfach zu viel isst. Dies kann gesundheitliche Schäden zur Folge haben, wie beispielsweise Herz-Kreislaufprobleme oder Bluthochdruck. Es lohnt sich also durchaus, zu versuchen, den Magen nicht bis zum Rand zu füllen. Dieses bewusste Essen spiegelt den Gedanken der Nachhaltigkeit, einem der Grundpfeiler des Ikigai, den wir uns in Kapitel 3 noch genauer ansehen.

Wer an etwas glaubt, vergrößert seine Chancen, länger zu leben. In Bezug auf die Bewohner Ogimis werfen wir an dieser Stelle einen Blick auf eine animistische Religion, die auf der Insel praktiziert wird. Es handelt sich um mehrere Geister namens Bunagaya, die sich in Gestalt von kleinen Kindern mit roten Haaren zeigen und im Wald leben. Aber nicht nur im Wald sind Buagaya anzutreffen, die Dorf-Maskottchen von Ogimi lieben wohl auch das Meer und die Berge. Wer ihre Gunst genießen möchte, muss achtsam mit der Natur umgehen. An dieser Stelle wirst du eingeladen, dich zu fragen, inwiefern du dich als Teil von einer größeren Glaubensgemeinschaft siehst. Dies muss nicht unbedingt im religiösen Sinn sein, sondern kann auch im weltlichen Kontext stattfinden. Abgesehen von der Praxis einer gemeinsamen Religion, sprechen die Japaner in Ogimi auch eine alte Sprache, was ihren Zusammenhalt und die Besonderheit um ihren Zusammenhalt noch weiter stärken dürfte. Wir können an dieser Stelle nun zusammenfassend festhalten, dass *Ikigai*, also das woran wir glauben, unsere individuelle Glaubensgemeinschaft sozusagen sowie eine fleischentlastete, pflanzenbasierte Ernährung uns zu einem gesünderen, längeren, erfüllten Leben führen können.

Eine weitere Besonderheit der Insel Okinawa ist das soziale Konstrukt, wie uns Dan Buettner in seinem Ted Talk *How to live to be 100+* nahebringt. So ist das gesellschaftliche Zusammenleben hinsichtlich erfüllter Langlebigkeit von großer Bedeutung. Die Familie und der Freundeskreis stehen an erster Stelle. Aber auch eine ganz eigene gesellschaftliche Konstruktion namens Moai sorgt für Zusammenhalt, Vertrauen und Unterstützung. Ein japanisches Moai, welches aus einst ökonomisch schwierigen Situationen auf den Inseln Okinawa und Kagoshima hervorgegangen ist, meint eine Gemeinschaft, die auf ähnlichen Interessen beruht und lokal organisiert wird. Wir sprechen hierbei von einer informellen Gruppierung, die im Dienst der Gesellschaft agiert. Die Mitglieder leisten kleine finanzielle Beiträge, die in Notsituationen ausgezahlt werden können. Aber auch ohne das Eintreten einer Notsituation genießen die Mitglieder des Moai Vorteile. So sind sie berechtigt, an den unterschiedlichsten Gruppenaktivitäten teilzunehmen. Hierzu zählen unter anderem das japanische Schach, Shogi, und gemeinsames Abendessen. Sobald zu viel Geld eingezahlt, beziehungsweise erwirtschaftet wurde, bekommt man einen bestimmten Betrag auch wieder ausgezahlt. Dies unterscheidet sich von Moai zu Moai und wird vorher festgelegt. Gleichzeitig erhalten Menschen, die seit einem längeren Zeitraum Teil des Moai sind, erst mal einen höheren Betrag, während andere Mitglieder zu einem späteren Zeitpunkt einen Teil des überschüssigen Geldes bekommen. Allerdings geht es hierbei nicht nur um eine finanzielle Unterstützung, sondern auch um eine emotionale. So können sich die Mitglieder eines Moai gegenseitig emotional auffangen, sollte ein Mitglied der Gemeinschaft beispielsweise einen harten Schicksalsschlag erleiden. Man ist für einander da, man sorgt sich um den anderen; die Mitglieder eines Moai unterstützen sich gegenseitig in guten wie in schlechten Zeiten. Es kann auf Okinawa durchaus passieren, dass man über neunzig Jahre seines Lebens mit den gleichen Freundinnen und Freunden verbringt. Der Fokus liegt auf den gemeinsamen Interessen, dem Wohl der Gesellschaft, dem sich gegenseitig Helfen und dem Austausch.

Stellst du dir bereits die Frage, wie es in deinem Leben bezüglich Freundschaften aussieht? Auf wen kannst du wirklich zählen? Wer geht mit dir durch dick und dünn? Die Antworten auf diese Fragen können dir helfen, ein klares Bild von deinem sozialen Umfeld zu bekommen, von deiner eigenen Gemeinschaft. Dies wird es dir erleichtern, in schweren Zeiten eine Entscheidung zu treffen, wem du dich anvertrauen möchtest. Pflege diese Kontakte und sei für sie da, so wie sie für dich da sein werden, wenn du ihre Hilfe benötigst.Es gibt mehrere Orte auf der Welt, die eine hohe Anzahl hundertjähriger Menschen vorweisen können und was sie alle gemeinsam haben, ist unter anderem die Tatsache, dass sie einer Überzeugung nachgehen. Sei es nun eine religiöse Glaubensgemeinschaft, die zusammen praktiziert oder eine bestimmte Lebensphilosophie, anhand derer Entscheidungen getroffen werden. So oder so handelt es sich um Überzeugungen, die jeden motivieren, den eigenen Alltag zu meistern und das nicht selten in der Gemeinschaft, wie wir bereits gesehen haben. Isolation gilt als Gift eines langen, erfüllten, glücklichen Lebens. Es gibt selbstverständlich einen Unterschied zwischen Einsamkeit und Alleinsein. Wenn du gerne für dich bist, wenn du gerne einfach Zeit allein verbringst, ist das natürlich vollkommen in Ordnung. Solltest du allerdings in die Einsamkeit abrutschen, unfreiwillig Zeit allein verbringen, obwohl du eigentlich gerne Zeit mit anderen Menschen verbringen würdest, lohnt es sich, eine sozial lebendige Umwelt aufzubauen. Dies kann dir auf unterschiedliche Art und Weise gelingen. Am einfachsten wird es wohl sein, Menschen zu suchen, mit denen du etwas gemeinsam hast, denn Gemeinsamkeiten können verbinden und eine gute Basis für eine Gemeinschaft bilden. Sowohl die Gemeinschaft als auch der Glaube an etwas führen nachweislich zu einem gesünderen, längeren Leben. Und auf hervorragende Art und Weise lassen sich beide Elemente kombinieren, denn so geschieht es nicht selten, dass die Tätigkeiten, der Austausch und das sich gegenseitige Helfen im Rahmen eines Moai zum *Ikigai* Einzelner werden. Die Verbindung zu und mit anderen Menschen, die Unterstützung und Hilfe, die man anderen im Moai entgegenbringt, können zum eigenen *Ikigai* werden. Das Gefühl von Sicherheit entsteht hier durch die Verbindung zu anderen Menschen und die emotionale sowie finanzielle Absicherung.

Wie wir nun gesehen haben, spielen mehrere Faktoren eine Rolle, die für die Langlebigkeit auf Okinawa verantwortlich sind. Und gleichzeitig stoßen wir immer wieder auf *Ikigai*, denn faktisch steht *Ikigai* im Zentrum all jener Dinge. Während auf der einen Seite manche Japaner ihr *Ikigai* in ihrer Zugehörigkeit eines Moai finden, finden wiederum andere ihr *Ikigai* in ihrer Ernährung, die viel mit Achtsamkeit und Nachhaltigkeit zu tun hat. Nicht außer acht zu lassen gilt die simple Freude am Leben in Form von Festen und musikalischen, tänzerischen Veranstaltungen. So berichten die Autoren Miralles und García von ihrer Okinawa-Reise, dass regelmäßiges Feiern aus unbedeutenden Anlässen zum Lebensalltag auf Okinawa gehört.

Am greifbarsten wird die Relevanz des *Ikigai* vermutlich aber im Kontext der Arbeit. Wusstest du, dass es in der japanischen Sprache kein Wort für „Ruhestand" gibt? Stillsitzen, sich zur Ruhe setzen – das passt nicht besonders gut mit dem japanischen *Ikigai* zusammen. Ein junger Geist hält den Körper fit, aber auch ein bewegter Körper sorgt für einen gefütterten Geist. Das Trennen von Arbeit und Freizeit stellt ein westliches Konzept dar. In der japanischen Kultur allerdings gilt arbeiten als etwas, wofür man dankbar ist. Gleichzeitig ist das Ziel eben nicht, die Arbeit von der Freizeit zu trennen, sondern im Einklang mit der eigenen Arbeit zu sein. Ziel ist es, gerne und motiviert zu arbeiten, sodass man auch im hohen Alter noch arbeiten *will*. Weltweit ist zu beobachten, dass dort die Lebenserwartung der Menschen überdurchschnittlich hoch ist, wo die Menschen bis ins fortgeschrittene Alter arbeiten. Selbstverständlich gilt es nicht, über die Stränge zu schlagen und die eigene Gesundheit zu vernachlässigen. Es ist wichtig, dass man nur so lange arbeitet, wie es die Gesundheit und die allgemeine körperliche Verfassung auch zulassen. Die Arbeit und der Spaß an dieser Tätigkeit halten die Menschen auf jeden Fall geistig fit, je nach Arbeit auch körperlich.Es kann motivierend sein, zur Arbeit zu gehen, wenn man ein wichtiges Projekt zu Ende bringen möchte. Gerade Künstler arbeiten oft ihr Leben lang und produzieren auch noch im hohen Alter Kunst. So lassen sie die Leidenschaft ihres *Ikigai* nicht erlöschen, sondern nähren sie weiter. Als Quelle für Glück, Erfüllung und Ausdruck kann ein kunstbezogenes *Ikigai* der Sinn des Lebens sein, es kann dein ganz persönliches Lebensziel sein. Wenn du magst, was du tust, wenn es dich erfüllt, sowie weiterbringt und du einen Sinn dahinter siehst, wird es dir leichter fallen, diese Sache zu tun. Wenn du deine Arbeit also magst und wenn du genau weißt, warum du sie tust, wird es dir wesentlich leichter fallen, zur Arbeit zu gehen. Und die Wahrscheinlichkeit, dass du auch im fortschreitenden Alter arbeiten möchtest, steigt somit natürlich auch. An dieser Stelle soll erwähnt werden, dass es sich bei einer Beschäftigung bis ins hohe Alter nicht nur um die vorher ausgeübte Arbeit handeln muss, stattdessen ist im Allgemeinen von einer regelmäßigen Tätigkeit die Rede. Dies kann auch eine ehrenamtliche Beschäftigung im Dienst der Gesellschaft sein, wie zum Beispiel der Nachbarschaftshilfe beizutreten, oder in der örtlichen Schule helfen, indem man den Kindern vom Schulbus aus über die Straße hilft.

Die Insel der Langlebigkeit, das Dorf der Hundertjährigen, wie auch immer man die südjapanische Inselgruppe nennen möchte, gilt als wahrhaftige Verkörperung einer Lebensweise, deren Entscheidungen auf *Ikigai* fußen. Die inspirierende, aktivierende Kraft, wird hier in so vielen Lebensbereichen erkennbar und gleichzeitig ist es unverkennbar, dass jene Kraft einen beflügelnden, stärkenden Effekt auf das Leben der Individuen und der Gesellschaft als Ganzes hat. Eng verwoben mit der japanischen Kultur, haben auch wir im westlichen Lebensalltag die Möglichkeit mithilfe japanischer Lebenskonzepte *Ikigai* zu begreifen und unser *Ikigai* zu finden. Dieses Buch hat es sich zum Ziel gesetzt, dir praxisnahe Ansätze zu vermitteln, wie dies konkret gelingen kann.

Der Gemeinschaftssinn der Japaner, die Essgewohnheiten, die Konzeption von Arbeit und das damit einhergehende Bedürfnis immer beschäftigt zu bleiben, machen wichtige Rahmenbedingungen für die Entstehung der Konzeption *Ikigai* aus. Spannenderweise gehört auch die Abgeschiedenheit zu einem lebensverlängernden Faktor. Wie sich zeigt, rutscht die Wichtigkeit der Gemeinschaft in den Vordergrund, da man wesentlich abhängiger von ihr ist. Die Japaner auf der Insel Okinawa nutzen ihre Abgeschiedenheit allerdings auch, um sich einen Garten anzulegen und wie wir ebenfalls aus Dan Buettners Ted Talk erfahren können, haben alle sogenannten „Blauen Zonen" – hier leben außergewöhnlich viele hundertjährige Menschen – weltweit Bewohner, die Wert auf einen Garten legen. Das Leben in einer ländlichen Umgebung scheint der Gesundheit und somit automatisch bis zu einem gewissen Grad auch der Langlebigkeit zugutezukommen. Die Menschen nutzen ihren Garten, um ihren morgendlichen Routinen nachzukommen, hinzukommt, dass die Pflege des Gartens automatisch ein wenig körperliche Aktivität fordert und somit die Möglichkeit bietet, sich auf natürliche Art und Weise zu bewegen. Außerdem werden die Gärten auch gezielt genutzt, um Obst und Gemüse anzubauen. Der Anbau von eigenem Obst und Gemüse kommt der Wertschätzung gegenüber der Natur zugute und unterstützt die Gesundheit. *Ikigai* konzentriert sich unter anderem auf Nachhaltigkeit sowie auf den Effekt des eigenen Handelns auf die Welt und die Gemeinschaft. Wir sehen, im Zentrum der Langlebigkeit und der Tatsache, dass die Bewohner Okinawas wesentlich seltener an chronischen Erkrankungen leiden und somit ein gutes Stück gesunder leben, steht ihr *Ikigai*. Es unterstützt und intensiviert den Glauben an die Gemeinschaft und an das gemeinschaftliche Handeln, zusätzlich motiviert es den eigenen Alltag zu bestreiten und das anhand einer persönlichen Lebensphilosophie.

Ken Mogi ist der Auffassung, dass es ähnliche Begriffe wohl auch in anderen Sprachen geben mag, dennoch nimmt das japanische *Ikigai* einen besonderen Raum ein. Dank des umfassenden und alltagstauglichen Charakters bietet es dem Individuum unzählige Möglichkeiten, *Ikigai* zu haben. Auch wenn die politische Lage eines Landes angespannt, schwierig oder sogar repressiv ist, ist es möglich, *Ikigai* zu haben. Ob wir uns nun in einer schwierigen Lebensphase befinden oder orientierungslos das Berufsleben bewältigen: Auch hier können wir *Ikigai* haben.

Dies zeigt uns unter anderem die Erfahrungen des österreichischen Psychiaters Viktor Frankl, der als der Begründer der Logotherapie in die Geschichte der Psychotherapie einging. Als ehemaliger KZ-Häftling erlebte er maximale Perspektivlosigkeit und das bloße Grauen am eigenen Leib, dennoch überlebte er den Horror von Ausschwitz. Nach seiner Befreiung wurde ihm bewusst, dass er die ganze Zeit über ein Ziel vor Augen gehabt hatte, nämlich die Fertigstellung seines gestohlenen Manuskripts. Dies motivierte ihn, lebend das Lager zu verlassen, da er das Manuskript beenden wollte. Das gestohlene und fertigzustellende Manuskript hat seinem Leben einen Sinn verliehen. So hatten Gefangene, auf die in der Welt außerhalb der Konzentrationslager etwas wartete, höhere Überlebenschancen, wie Psychiater herausfanden. Die Inhaftierten wussten nicht nur, *dass* sie überleben wollten, sondern auch *warum*. Das Suchen nach dem eigenen *Ikigai* hat einiges mit dem Ansatz der Logotherapie gemeinsam. Denn auch sie bezieht spirituelle Realitäten mit ein, ist zukunftsorientiert und möchte dem Betroffenen helfen seinen persönlichen Sinn des Lebens zu finden.

Logotherapie und Ikigai

Die Ideen der Logotherapie können uns helfen, die Suche nach unserem *Ikigai* zu verfeinern und zu intensivieren, da auch sie sich der Sinnsuche widmet. Es ist ein westlicher Ansatz, der eine psychologische Behandlungsform beschreibt, in deren Zentrum die Suche nach dem eigenen Sinn des Lebens besteht. Betroffene verspüren eine anhaltende innere Leere, haben Angst oder sind frustriert. Hier können wir bereits die Parallelen zu Ikigai sehen, denn ein Leben ohne ein aktives, lebendiges *Ikigai* kann durch Orientierungslosigkeit oder anhaltende innere Leere gekennzeichnet sein.Anders als die klassische Psychoanalyse arbeitet die Logotherapie zukunftsorientiert und befasst sich weniger mit der Aufarbeitung der Vergangenheit. Die Logotherapie möchte dem Klienten erst einmal aufzeigen, dass er sich auf der Sinnsuche befindet. Sie möchte ihm vermitteln, dass er seinen konkreten und greifbaren Sinn im Leben findet, nach dem er seine Entscheidungen und seinen Alltag ausrichten kann. Und das ist auch das Ziel der gesamten Logotherapiesitzungen: dass der Klient einen Lebenssinn findet. Da dies auch der Sinn hinter dem Entdecken des eigenen Ikigai ist, können dir die Ansätze aus der Logotherapie eventuell helfen, deinen Sinn des Lebens zu finden. In beiden Fällen kann die Ausgangslage einer Person darin bestehen, sich unwohl und dauerhaft frustriert zu fühlen. Die anhaltende Frustration und Unzufriedenheit werden meistens dadurch ausgelöst, dass die Person eigentlich nicht genau weiß, warum sie tut, was sie tut; und ob das, was sie tut, einen tieferen Sinn hat. Die Menschen der Moderne unterwerfen sich nicht selten dem Druck der Gesellschaft zu funktionieren und das auf eine bestimmte Art und Weise. Die Unterdrückung der eigenen Fähigkeiten und Wünsche, die wir leichtfertig hinnehmen, um ein angepasstes Leben führen zu können, welches uns das Gefühl vermittelt, Teil des Ganzen sein zu können, kann mitunter zu existenzieller und spiritueller Leere und Angst führen. Und das versuchen viele Menschen wiederum mit Macht, Einfluss und ökonomischer Stärke zu füllen. Leider ändert dies aber nichts an dem Gefühl der inneren Leere und der Frage nach dem Sinn hinter dem eigenen Dasein. Aber genau das ist wichtig: Wir müssen wissen, weswegen wir leben und was der persönliche, individuelle Sinn unseres Lebens ist.Victor Frankl betrachtet den Lebenssinn als wesentlichen Motor, der die Menschen am Leben und auch aktiv sowie glücklich im Leben hält. Die dem Lebenssinn innewohnende Kraft ist es, die uns antreibt, unsere Ziele zu erreichen. Die Ergebnisse der Sitzungen sind eher als Impuls zu verstehen, die dem Betroffenen helfen sollen, zukünftige Hindernisse und Herausforderungen besser zu bewältigen. Gleichzeitig hat der Klient allerdings die Wahl, ob er das, was er als Lebenssinn definiert hat, annimmt oder nicht. Ein weiterer Unterschied zwischen der klassischen Psychoanalyse und der Logotherapie besteht darin, dass der Grund für die Neurose nicht identifiziert und behandelt wird; es findet keine Analyse statt. Eine spirituelle Komponente erhält Einzug in die Sitzungen der Logotherapie und ergänzt diese. Die Logotherapie rät Folgendes:

1. Wir können nicht beeinflussen, was uns geschieht. Allerdings können wir beeinflussen, wie wir damit umgehen – und darin liegt unsere Macht. Es liegt an dir, *wie* du handeln möchtest.
2. Wenn du die Dinge mit Humor betrachtest, wirst du deine Ängste minimieren und bestimmte angsterfüllte Muster durchbrechen können.
3. Dein Lebenssinn kann sich wandeln, versteife dich folglich nicht auf eine einzige Sache. Außerdem gibt es keinen allumfassenden, für alle Menschen geltenden Lebenssinn, sondern jeder Mensch hat seinen persönlichen, individuellen Sinn des Lebens.
4. Die Menschen erfinden ihren Lebenssinn laut der Logotherapie nicht, sie *finden* ihn.

Wie du siehst, gibt es durchaus Gemeinsamkeiten zwischen der westlichen Logotherapie und der japanischen Lebensphilosophie *Ikigai*. Ansätze aus der Logotherapie können dich darin unterstützen, den Sinn deines Lebens zu finden, indem sie dein Leben an manchen Stellen einfacher machen, damit du weiter diesen Weg der Sinnsuche gehen kannst. Außerdem wird es in mancher Hinsicht deine Einstellung gegenüber bestimmten Themen beeinflussen. Die Logotherapie lädt dich ein, dir bewusst zu machen, dass du immer die Wahl hast zu entscheiden, *wie* du mit einer gewissen Thematik, mit einer bestimmten

Situation umgehen möchtest. Niemand wird dir jemals diese Entscheidung absprechen können. Und das ist eine Stärke, eine Kraft, die wir haben, die uns den Alltag erleichtern kann. Es wird immer an dir liegen, ob du edelmütig oder niederträchtig handelst; es wird immer an dir legen, *wie* du etwas einschätzt und beurteilst. Solltest du in Zukunft vor einer Situation stehen, die dir unangenehm ist und mit der du nicht umzugehen weißt, denke an einen der Grundsätze der Logotherapie: Mit dem *Wie* kannst du das *Was* beeinflussen und für dich auslegen. Ähnlich wie im Ikigai geht es nicht darum, einen Sinn hinter dein Leben zu zaubern oder Glaubenssätze zu erfinden, sondern vielmehr, das, was bereits in dir schlummert und geweckt werden will, zu entdecken und zu leben. Jeder Mensch hat bereits ein Ikigai, einen Sinn hinter seinem Dasein. Manche kennen es und handeln bewusst danach, andere kennen es nicht und handeln unbewusst danach, und wieder andere kennen es nicht und handeln auch nicht danach. Solltest du zu denjenigen gehören, die ihr Ikigai nicht kennen, aber danach handeln oder zu denjenigen, die ihr Ikigai weder kennen noch danach handeln, dann sei dir bewusst, dass das Ziel nicht ist, etwas zu erschaffen, sondern dein Ikigai zu *finden*. Und wie wir sowohl hier als auch in Bezug auf die Hundertjährigen auf der Insel Okinawa gesehen haben, ist das Spaß und Humor, das Feiern und Genießen des Lebens immer eine gute Entscheidung sind. Für dich bedeutet das, dass du deinen Humor gerne einsetzen, füttern und pflegen darfst. Es wird dir guttun.

Im Lauf des Buches werden wir wichtige Fragen beantworten wie beispielsweise, was dich in deinem Leben wirklich glücklich macht, was den höchsten Stellenwert hat, welche kleinen Dingen dir Freude bereiten und wofür du morgens aufstehst.

KAPITEL 2:

Was bedeutet Ikigai für dich und dein Leben?

An dieser Stelle sprechen wir über dich und *Ikigai*: Was bedeutet *Ikigai* für dich und dein Leben? Wie wir bereits gesehen haben, kann dich das erfolgreiche Integrieren deines *Ikigai* von alltäglichen, Kräfte zerrenden Lasten befreien und dir einen erhellten, inspirierten Alltag bieten. *Ikigai* bedeutet, dass du weißt, warum du morgens aufstehst. Es bedeutet, dass du eine tiefe Überzeugung hegst, das Richtige zu tun, und eine ebenso tiefe Freude empfinden wirst, wenn du schließlich dein Ziel erreicht hast oder auch einfach nur das in deinen Augen Richtige getan hast. Wenn du *Ikigai* in deinen Alltag miteinbeziehst, wirst du dir nicht mehr die Frage stellen, was die Kollegen zu deiner getroffenen Entscheidung sagen werden. Du wirst dich auch nicht mehr davon verunsichern lassen, dass die Mehrheit um dich herum einen anderen Weg einschlägt. Denn nur du selbst wirst das Maß deiner Dinge werden und dein *Ikigai* wird dich leiten und dir helfen für dich passende Entscheidungen zu treffen. Auch wenn es zu verlockend ist, sich von einem Tiefpunkt im Leben demotivieren und nach unten ziehen zu lassen, solltest du versuchen ihn als Möglichkeit, etwas zu verändern, aufzufassen. Du solltest deine Trägheit, die innere Leere und die Orientierungslosigkeit nicht als Last begreifen – auch wenn sie selbstverständlich belastend sind – stattdessen versuche, eine Chance in ihnen zu sehen. Denn sie bieten dir die Möglichkeit deine Alltagsplanung zu überdenken und umzugestalten. Sie ermöglichen dir auch, über dich hinaus zu wachsen und dich einer neuen Herausforderung zu stellen, die dir bei Bewältigung Klarheit und Harmonie verschaffen wird. Wenn du dich also leer und ausgepowert fühlst, wenn du das Gefühl hast, dass dir dein Alltag so wie er im Moment strukturiert ist, Energie raubt und du dich fast wie in einem Käfig aus Anforderungen gefangen fühlst, dann ist dies deine Möglichkeit dich auf die Reise zu deinem persönlichen Sinn des Lebens zu begeben. Es ist die Möglichkeit herauszufinden, was dich im Leben antreibt und was dein Leben lebenswert für *dich* macht. Rückblickend sind Tiefpunkte im Leben die Momente, in denen wir die Chance ergriffen haben, eine andere Richtung einzuschlagen, was uns wiederum zu mehr Erfüllung und Zufriedenheit verholfen hat.Gerade im Kontext der Arbeit kann *Ikigai* vieles bewirken. Wenn du das Gefühl hast, dass dich die Arbeit daran hindert, für dich wichtige Dinge zu tun, weil sie dir Zeit wegnimmt, dann ist dieser Absatz besonders interessant für dich. In vielen Vorstellungen heißt es, man solle Arbeit und Freizeit möglichst trennen und eine Balance herstellen. Das Problem hierbei ist, dass uns diese Annahme dazu verleitet, Fehlerhaftes zu akzeptieren, anstatt zu versuchen, es zu ändern. Denn so gehen wir davon aus, dass wir Defizite in unserer Arbeit mit lohnender Freizeit ausgleichen können. Sind wir frustriert, weil wir nicht angemessen mitwirken können oder weil uns die Chefin verärgert hat, wollen wir das mit einer Stunde Tanzunterricht wieder ausgleichen. Nur leider wirst du vermutlich bereits bemerkt haben, dass dies nichts an deiner Unzufriedenheit über deine Arbeit ändert. Letztendlich ist die Vorstellung, es sei das Ziel, Arbeit und Freizeit zu trennen trügerisch. Allein der Begriff *Work-Life-Balance* impliziert im klassischen Sinne, dass Arbeit und Leben Gegenspieler sind. Allerdings kann Lebensglück nur gelingen, wenn die Arbeit (*Work)* ein integraler Bestandteil des Lebens ist *(Life)* und damit die Arbeit wesentlich zum erfüllten Leben beiträgt. Man kann also statt von einer *Work-Life-Balance* vielmehr von einem *life* sprechen, indem *work* genauso dazugehört wie Zucker in einen Kuchen. Der japanische Kontext bestärkt diese Annahme, denn *Ikigai* kann dir helfen, Defizite anzugehen und zu verändern, denn du wirst mit einer *Ikigai* inspirierten Lebensweise nicht davon ausgehen, Arbeit und Freizeit trennen zu müssen. Das bedeutet, du wirst bestimmte Dinge nicht mehr einfach nur hinnehmen. Stattdessen wirst du begreifen, dass es sinnvoll ist, sich eine Arbeit zu suchen, die man nicht aus seinem Leben verbannen möchte, sondern eine zu haben, die man gerne macht und von der man sich nicht außerordentlich erholen oder etwas ausgleichen muss. Das bedeutet keinesfalls, dass die Arbeit immer leicht sein wird. Es geht darum, dass man gerne Mühen und zeitweise höhere Belastungen in Kauf nehmen kann und will, weil sie auf das eigene Ikigai einzahlen. Außerdem wird dir *Ikigai* zeigen, wo deine Stärken und deine Leidenschaften liegen und wie du damit den passenden Beruf für dich finden kannst. Dies kann dich ebenfalls bereits aus einer energieraubenden, unpassenden Arbeitssituation befreien. Und selbstverständlich scheint es nur logisch, dass wir nicht nur für die eine Seite unseres Lebens, die Freizeit, Glück und Erfüllung suchen sollten, sondern auch für die andere, für die Arbeit, wie Robert Kötter und Marius Kursawe in ihrem Buch *Design your life* aufzeigen.

Denn schließlich können wir die Arbeit generell nicht aus unserem Leben streichen, Arbeit ist Teil unseres Lebens. Gerade in den letzten Jahren zeigt sich, dass die Frage nach dem Sinn im Kontext der Arbeit große Bedeutung gewinnt. Während es vor einigen Jahren noch hauptsächlich galt, Karriere zu machen, frei nach dem Motto: Höher, schneller, besser, bringt die hohe Burnout-Rate die Menschen unterschiedlicher Altersstufen dazu, sich zu überlegen, wo der Sinn in ihrer Arbeit besteht. Das alleinige Geldverdienen und steile Karriere machen, scheint nicht mehr das zu sein, was die Menschen uneingeschränkt glücklich macht – wobei, war es das jemals? Denn sonst gäbe es weniger Menschen, die an typischen stressbedingten Krankheiten oder Burnout leiden. Die Frage nach dem Sinn hinter der eigenen Arbeit gewinnt also an Zuspruch, gerade die jüngere Generation gibt sich nicht mehr damit zufrieden, einfach nur einen Job zu finden, der ihnen Geld bringt. Die meisten wollen sich selbst verwirklichen; die meisten wollen tun, was ihnen Spaß macht und was sie gut können, sie möchten etwas für sie *Sinnvolles* tun. Und das wird das Ziel vieler Menschen – und vielleicht auch dein Ziel – sein: eine sinnvolle, erfüllende Arbeit zu finden. Dies steht auch im Zusammenhang mit dem Bedürfnis, der Gesellschaft etwas zurückzugeben. Anstatt nur zu nehmen, beginnen wir geben zu wollen. An dieser Stelle können wir bereits die Brücke zu *Ikigai* schlagen, denn der Bezug nach außen hin zur Gesellschaft spielt eine große Rolle. Ein Leben mit *Ikigai* beschränkt sich nicht nur darauf, den Sinn hinter deinem Leben zu entdecken, damit du im Privaten und im Beruflichen Erfüllung erfährst, sondern bezieht sich auch auf dein Handeln in den gesellschaftlichen Raum. Und auf diese Weise kann und wird *Ikigai* dein Leben beeinflussen.

Ein Begriff, der uns im Laufe des Buches immer wieder begegnen wird, ist der Begriff der Vergänglichkeit. In der japanischen Kultur wird das Flüchtige, Vergehende sehr geschätzt, was sich an unterschiedlichen Beispielen festmachen lässt. In Japan wird davon ausgegangen, dass es sehr wichtig ist, zu akzeptieren, dass sich sowohl Vergangenes als auch Zukünftiges unserer Macht, unserem Einfluss entziehen. Wir können weder den gestrigen noch den morgigen Tag steuern, den einzigen Tag, den wir konkret beeinflussen können ist der Heutige. Er ist der einzige Tag, der uns wirklich gehört. Natürlich hat das, was wir heute tun, im weitesten Sinne Auswirkungen auf das, was in der Zukunft liegt, aber konkret gestalten können wir nur die Gegenwart. Somit steht ihre Wertschätzung an erster Stelle. Jeder Augenblick des Lebens ist es wert gelebt zu werden und folglich sollten wir keine Zeit mit Dingen verschwenden, die uns nicht interessieren oder die wir nur tun, weil wir denken sie tun zu müssen. Wir sollten unsere Energie, unsere Kraft, unsere Kreativität und unseren Verstand auf das ausrichten, was uns sinnvoll und wichtig erscheint. Wir sollten sie auf das fokussieren, was für uns wirklich wichtig ist, sodass wir jeden Augenblick leben können und uns auf die Gegenwart konzentrieren können. Du wirst an dieser Stelle dazu eingeladen, das nächste Mal innezuhalten, wenn dich dein Gedankenkarussell nicht zur Ruhe kommen lässt, oder dich Gedanken an deine Zukunft erdrücken und sich wie ein beängstigender Schleier über deine Gemütsverfassung legen. Halte inne und überlege, inwiefern du die Probleme oder Szenarien, die sich gerade vor deinem inneren Auge abspielen, überhaupt beeinflussen kannst. Was kannst du ändern? Hinterfrage, ob es eine gute Idee ist, dir über Dinge, die du im Moment nicht ändern kannst, den Kopf zu zerbrechen. Oder ob es nicht vielleicht eine wesentlich bessere Idee ist, dich auf das zu fokussieren, was vor dir liegt; dich auf das zu konzentrieren, was du beeinflussen kannst: den heutigen Tag und diesen Augenblick.

Studien beweisen, dass Menschen, die wissen, weshalb sie morgens aufstehen, die einen tieferen Sinn im Leben sehen, länger leben, als Menschen, die dies nicht tun. Wie du im Laufe des Buches vermutlich bereits erkannt hast, meint *Ikigai* eine ganzheitliche Lebensphilosophie und Lebenseinstellung, die weit über einen reinen Glaubenssatz hinaus geht. Mit ihr hängen Ernährung, Bewegung, Achtsamkeit und Resilienz zusammen. Wer nicht weiß, was er sich vom Leben erhofft, wer nicht weiß, wofür er morgens aufsteht und keinen tieferen Sinn hinter seiner Existenz sehen kann, dem wird es vermutlich an Lebenskraft und Tatendrang fehlen. Die Person wird es mit großer Wahrscheinlichkeit sehr viel schwieriger haben, sich zu motivieren und sich um sich selbst zu sorgen. Wer allerdings weiß, wofür er aufsteht, wofür er brennt, kann ein Leben voller Energie, Freude und Inspiration führen. Wir alle kennen das Gefühl, wenn wir von einer Sache so begeistert sind, dass wir alles andere vergessen. So kann es sein, dass wir uns auf ein am nächsten Tag bevorstehendes Abendessen in einer gemütlichen Runde mit unseren engsten Freunden freuen und gleich am Morgen beim ersten Klingeln des Weckers aufstehen, obwohl uns eigentlich noch die Müdigkeit in den Knochen sitzt. Oder wir stricken einen wunderschönen, bunten Pullover und ignorieren unsere Rückenschmerzen, weil wir ihn unbedingt fertigstellen möchten und ihn anprobieren wollen. Und genau das ist die

Philosophie von Ikigai: Motiviert in den Tag zu starten, da wir uns auf das, was uns erwartet, freuen und voller Vorfreude den Geschehnissen des Tages entgegenblicken können. Ganz im Gegenteil zu Momenten, in denen wir nicht wissen, warum wir tun, was wir tun. Diese werden wir stumpf und abgeschlagen hinter uns bringen und hoffen auf bessere Zeiten, auf bestimmte Ereignisse, von denen wir uns versprechen, dass sie uns glücklich stimmen werden, sobald wir sie erreichen. In diesem Sinne lohnt es sich sehr, das eigene *Ikigai* aufzudecken und nach ihm zu leben. Die Welt ist ein vergänglicher Ort, umso wichtiger ist es, dass du deine Zeit nach deinen Zielen und Wünschen gestaltest und bei dir bleibst. Es wird dich darin bestärken, in jedem Augenblick unzählige Möglichkeiten zu sehen und sie zu nutzen. Es wird dich auch darin unterstützen, zu erkennen, was dich verletzt, was dich hindert oder hemmt. Das gibt dir die Kraft und die nötige Sicht, um dich von Dingen, die dir im Weg stehen zu trennen, um von Schädlichem – soweit es eben geht – Abstand zu gewinnen. Sobald du die erste Spur deines *Ikigai* gefunden hast, ist es sehr wichtig, sie konsequent durch gezielte Handlungen zu verfolgen. Lasse deine Leidenschaft dafür brennen, damit sich dein Alltag so umstrukturiert, wie du es dir wünschst und wie es dir guttun wird. So wird dein Leben Sinn erhalten und du wirst jeden Morgen haargenau wissen, weswegen du aufgestanden bist und was du vom heutigen Tag erwartest. Außerdem werden dir die einfachsten, teils unangenehmen Haushaltserledigungen Spaß bereiten, weil du sie im Flow erledigen wirst und somit zeitsparend und entspannt deine Aufgaben erledigen kannst (siehe hierzu Kapitel 5). Wenn du für dich sinnvolle Dinge tust, wirst du daran wachsen und dich weiterentwickeln, du wirst durch sie größer, stärker und robuster werden. Und du kannst deinen Mitmenschen etwas Gutes tun und Teil einer lebendigen, aktiven Gemeinschaft sein, die die Welt verändern und voranbringen wird.

Wie wir gesehen haben, kann das *Ikigai* unser Leben erleichtern, da es ihm eine Richtung weist und wir den Sinn hinter unserem Dasein erkennen können. Es wird uns in dunklen Momenten antreiben und uns motivieren; in langweiligen, öden Situationen wird es uns Durchhaltevermögen und Ehrgeiz schenken und in schönen Momenten wird es uns Spaß, Freude und Erfüllung bieten. Aber auch in Bezug auf unsere Gesundheit, in Bezug auf unsere geistige und körperliche Verfassung kann uns die Lebenswelt rund um *Ikigai* dabei unterstützen, einen gesunden, heilenden Weg einzuschlagen, damit unser Körper und unser Geist wieder zu vollen Kräften kommen können. Wenn du gesundheitliche Beschwerden vorzuweisen hast, kann dir das *Ikigai* – je nach Beschwerde – den Stress von den Schultern nehmen, Einfluss auf deine Ernährung und Achtsamkeit nehmen und deine Beschwerden entweder lindern oder sogar ganz aufheben. Hierzu zählen zum Beispiel Schlafstörungen, depressive Verstimmungen oder leichte Herz-Kreislauf-Beschwerden. Dein Leben nach deinem *Ikigai* auszurichten, ersetzt keinen Arztbesuch, es soll und wird dich einzig darin unterstützen, die körpereigenen Ressourcen und Kräfte zu aktivieren und deinem Leben einen Sinn zu verleihen. Da Körper und Geist eng miteinander verbunden sind, wirkt sich die Heilung des einen oftmals auf das jeweils andere aus. Ein aktives *Ikigai* und die Umsetzung einiger, für dich passende japanische Lebensweisheiten können dich vor monotoner Eintönigkeit und Orientierungslosigkeit bewahren, da du ja genau wissen wirst, wohin du dich ausrichten möchtest. Und ein sinnerfülltes Leben, ein sinnerfüllter Alltag unterbinden das Entstehen von Tretmühlen, folglich wirst du dich wohl und aufgehoben in deinem Alltag fühlen. Im Großen und Ganzen bedeutet *Ikigai* auch, dass du dir im Laufe des Buches neue Werte aneignen wirst, die dein Leben positiv verändern werden und die dich bei deiner Selbstverwirklichung unterstützen können. Eine ganzheitliche Lebensmotivation wird sich einstellen und du wirst Gefühle der inneren Leere, Taubheit und anhaltender Frustration hinter dir lassen können. Stattdessen wirst du dich lebendig fühlen, angetrieben, motiviert und inspiriert von deinem persönlichen Sinn des Lebens. Du wirst außerdem hoffentlich ermuntert werden, bestimmte Dinge in deinen Alltag zu integrieren, wie beispielsweise eine von japanischen Essgewohnheiten inspirierte Ernährung und in manchen Bereichen kleine, wie auch große Richtungsänderungen vornehmen.So schreibt auch Bettina Lemke in ihrem Werk *Entdecke dein Ikigai*: „Wer sein Ikigai erkannt hat, der empfindet Lebensfreude und innere Zufriedenheit, ist optimistisch und fühlt sich lebendig." Wir können also sehen, dass das Entdecken und Finden unseres persönlichen Ikigai ein sinnerfülltes Leben schenken und uns optimistisch an unsere Aufgaben herantreten lassen wird. Wir werden wissen, in welche Richtungen wir schreiten wollen und was wir tun müssen, um dies zu erreichen. *Ikigai* wird das in dir zum Ausdruck bringen, was bereits da war; das, was dich ausmacht wird durch *Ikigai* gestärkt werden. *Ikigai* wird dir die Möglichkeit bieten, Ruhe und Erholung in deinen Alltag einzubetten, außerdem wirst du neue Strategien entdecken, die dir helfen deine Probleme zu lösen.

KAPITEL 3:

Die fünf Säulen des Ikigai und ihre Bedeutung (plus Glücksforschung)

Ikigai basiert auf fünf Säulen. In diesem Kapitel konzentrieren wir uns auf diese fünf Säulen sowie auf die Lotusblüte und erfahren, was sie genau bedeuten und wie sie unser *Ikigai* definieren. Die Lotusblume verdeutlicht uns die sich überschneidenden Bereiche, die ein Ikigai ausmachen. Sie besteht aus mehreren Fragen beziehungsweise Themenbereichen, aus denen sich wiederum konkrete Fragen ableiten lassen. In ihrer Gesamtheit formen sie das *Ikigai* jedes einzelnen.

Die fünf Säulen des Ikigai sind:

1. Klein anfangen
2. Loslassen lernen
3. Harmonie und Nachhaltigkeit leben
4. Die Freude an kleinen Dingen entdecken
5. Im Hier und Jetzt sein

Keine der fünf Säulen ist einer anderen über- oder untergeordnet und sie folgen auch keiner bestimmten Reihenfolge. Sie markieren die

Grundpfeiler dieser besonderen Lebenskunst und werden dir in ihrer Gesamtheit helfen, dein Ikigai zu finden. Die fünf Säulen arbeiten zusammen und nähren sich somit gegenseitig.Beginnen wir mit dem „klein anfangen". Bestimmt hast du schon eine Vorstellung davon, was es bedeutet klein anzufangen. Genau, es heißt sich kleinere und gut realisierbare Ziele zu stecken. Denke an das, was du unmittelbar und relativ ohne große Schwierigkeiten umsetzen kannst. Nicht jede Veränderung muss von Anfang an gigantisch und von außen betrachtet sichtbar sein. Es ist vollkommen in Ordnung eine kleine Veränderung in deinem Leben in Angriff zu nehmen, die erst mal niemand außer dir bemerkt. Am Anfang stehen der Glaube und die Überzeugung daran, dass diese Veränderung etwas in deinem Leben verbessern kann. Vorerst musst du dir einmal selbst auf die Schulter klopfen, denn vielleicht haben deine Anstrengungen zu Beginn noch keine große Reichweite. Vielleicht sind deine anfänglichen Ideen noch nicht für den Massenmarkt tauglich oder eben schwer bis gar nicht von außen identifizierbar. Es werden kleine, liebevolle Schritte sein, die sich zu etwas Größerem entwickeln können.Das frühe Aufstehen spielt in der japanischen Kultur eine große Rolle, es ist tief in historischen Traditionen verankert. Nehmen wir *Nippon* beziehungsweise *Nihon* als Beispiel. *Nippon* und *Nihon* sind zwei unterschiedliche Aussprachen für einen Ausdruck, der etwas wie „Ursprung der Sonne" bedeutet. Es ist das japanische Wort für den eigenen Landesnamen. Wir können hier deutlich erkennen, dass die aufgehende Sonne sehr bedeutsam für das japanische Selbstverständnis ist. Schon Kronprinz Shōtoku sprach in einem offiziellen Brief an China vom „Land der aufgehenden Sonne". Doch für die Verehrung der Morgenstunden gibt es noch weitere Gründe. So ist der Fokus auf morgendliche Betätigung ebenfalls durch wirtschaftliche Aspekte geprägt, sei es die Edo-Zeit (1603 – 1868), in der viele Japaner als Bauern ihren Lebensunterhalt bestritten und somit früh auf die Felder mussten, oder auch durch ein Sportprogramm, dass im Radio ausgestrahlt wird. *Radio Taiso* bietet kurze Gymnastikübungen zu Musik und kann von jedermann genutzt werden. Unabhängig des Alters oder der Einkommensklasse können Japaner morgens eine kurze, gemeinschaftliche Sportübung machen. *Radio Taiso* wurde seitens der Regierung ins Leben gerufen, um die Bevölkerung fit zu halten. Und gleichzeitig können so der Geist und die Idee vom Land der aufgehenden Sonne bewahrt werden.

Wir sehen also, dass es nicht viel braucht, um einen Gedanken zu wahren. Es handelt sich hierbei um eine einfache Wertschätzung in Form eines Frühsportes und parallel dazu wird auch das soziale Miteinander gestärkt, denn auch Schulkinder haben die Möglichkeit an *Radio Taiso* teilzunehmen. Abgesehen von der Besonderheit des Morgens sind *Radio Taiso* und das Frühaufstehen im Allgemeinen auch ein hervorragendes Beispiel sowohl für Harmonie und Nachhaltigkeit (dritte Säule des Ikigai) als auch für die Freude an kleinen Dingen (vierte Säule). *Radio Taiso* verbindet die Menschen, denn sie können sich für das Gymnastikprogramm verabreden und somit ihr gesellschaftliches Leben pflegen. Die Freude an den kleinen Dingen zeigt sich zum einen ebenfalls in *Radio Taiso*, da es kurze und leichte Übungen sind, aber auch beim Frühaufstehen. Denn in Japan ist es Teil der Kultur, den Morgen mit einer kleinen Süßigkeit und traditionellerweise mit grünem Tee zu beginnen. Eine Kleinigkeit, die man sich morgens gönnt und auf die man sich am Abend vor dem Einschlafen freuen kann, hilft ungemein, um morgens besser aus dem Bett zu kommen.Wenn also auch du Probleme mit dem frühen, motivierten Aufstehen hast, dann suche dir am besten ein kleines Ritual, welches dich glücklich macht und motiviert. Dies kann ganz unterschiedlich aussehen. Zum Beispiel kannst du dir angewöhnen, den Tag mit ein paar Dehnübungen zu starten, einen kurzen, gemütlichen Spaziergang zu machen oder eine Runde Karten mit deinem Partner bzw. deiner Partnerin zu spielen. Deine morgendliche, kleine Tätigkeit soll dir in erster Linie Spaß machen, damit du den Tag mit etwas beginnen kannst, was dir gefällt. So wirst du dich morgens beim Aufwachen auf etwas freuen können, und wenn du den Tag mit etwas Schönem, Anregendem beginnst, schüttet dein Gehirn Dopamin aus. Und was gibt es Besseres, als mit Dopamin, dem antriebssteigernden Hormon in den Tag zu starten? Wir alle kennen das Gefühl, mit dem falschen Bein aufgestanden zu sein, meistens erholt sich unsere Laune den ganzen Tag über nicht besonders davon. Wenn wir allerdings mit einem positiven, motivierten Gefühl in den Tag starten, ist es wahrscheinlicher, dass uns auch der Rest des Tagesablaufes besser gelingt. Dopamin gilt außerdem als Glückshormon, neben anderen Hormonen, da es in gewissen Schaltkreisen Belohnungsempfinden und somit positive Glücksgefühle auslösen kann. Hinzu kommt noch, dass die motivationssteigernde und antriebsfördernde Wirkung auch etwas länger hält, als beispielsweise die Wirkung von Serotonin – ebenfalls ein Glückshormon.Wir sehen also, dass uns eine angenehme Kleinigkeit am Morgen nicht nur das Aufstehen, sondern zusätzlich den Verlauf des gesamten Tages erleichtern kann. Aber auch das „klein anfangen" wird hier neben der „Freude an den kleinen Dingen" und „Harmonie und Nachhaltigkeit" deutlich. So hat *Radio Taiso* nichts mit sportlichen Höchstleistungen oder Exklusivität zu tun. Es geht um die Wertschätzung des Morgens, welche als kultureller Bestandteil in den Alltag hineinfließt, es geht um das reine Fithalten und um den Kontakt zu anderen Menschen. Das gemeinschaftliche, regelmäßige Tun stärkt das Gefühl von Harmonie und Nachhaltigkeit. Denn so entsteht eine Verbundenheit, eine Gemeinschaft, die Spaß hat und dies wiederum führt zu einem harmonischen Zusammensein. Wir können hier erkennen, dass sich die Säulen gut ergänzen, aber auch gegenseitig verursachen können, um in ihrer Gesamtheit ein friedliches *Ikigai* zu bilden.

Die fünfte Säule wird von Ken Mogi als die wohl tiefgründigste aller Säulen beschrieben. Denn „im Hier und Jetzt sein" hat sehr viel mit der Vergänglichkeit von Dingen zu tun. So schätzen die Japaner die Gewissheit und das Bewusstsein des Vergänglichen sehr. Sie nehmen die Vergänglichkeit sehr ernst. Flüchtige Freuden und momentorientiertes Vergnügen genießen eine hohe Wertschätzung. Der Fokus liegt auf dem Hier und Jetzt. Schöne Momente lassen sich oft nicht wiederholen, Geschmackserlebnisse bleiben ebenfalls nur als Erinnerung zurück, man kann sie nicht festhalten, indem man sie etwa fotografiert. Sie gehen vorüber. Auch diese Vorstellung ist tief in der japanischen Kultur verwurzelt, wie man etwa an Sei Shōnagon sehen kann. Die Kaiserin lebte von 966 bis 1025 und schrieb ein Buch, das aus verschiedenen Essays bestand. In einem dieser Essays beschrieb sie die kleinen Dinge im Leben, die Details und Momente, die sie wahrnahm. Die Faszination der kleinen Dinge malt ein Bild von einem Leben im Hier und Jetzt. Das sich bewusst machen der Vergänglichkeit, hat nicht das Ziel, einen traurigen, wehmütigen Moment hervorzurufen. Vielmehr geht es hierbei darum, zu begreifen, dass das Einzige, was wir verändern können, das Hier und Jetzt ist. Das Einzige, was uns wirklich gehört und das Einzige, was wir wirklich beeinflussen können, ist der heutige Tag. Sowohl die Zukunft als auch die Vergangenheit liegen außerhalb unserer Reichweite.

Dieser Gedanke findet sich ebenfalls in einer uralten Philosophie, dem Stoizismus, wieder. Auch hier, im antiken Griechenland 300 Jahre vor Christus, war man bereits der Ansicht, dass man die Vergänglichkeit des Lebens schätzen muss, um die Gegenwart aktiv und bewusst zu leben und zu gestalten. Auch in diesem Sprichwort aus dem fernöstlichen Raum können wir erkennen, wie wichtig es ist, den Fokus auf die Gegenwart zu richten: „Lebe im Moment, sei einfach du, und lasse deine Gefühle zu. Wenn du ehrlich, offen und unvoreingenommen bist, kannst du dir auch leisten, aus dem Bauch heraus zu handeln, so wie du es für angemessen hältst."

Im Hier und Jetzt zu leben, gilt als einer der wesentlichsten Standpfeiler fernöstlicher Weisheiten. Das Bewusstsein über das Vergängliche wird als Motor genutzt, die Gegenwart zu formen, zu beeinflussen und zu schätzen. Gleichzeitig wird in diesem Sprichwort auch ein Bezug zu deinen Gefühlen hergestellt, denn im Gegensatz zu einem westlichen Weltbild, in dem die Ratio und die Vernunft an erster Stelle stehen, werden in vielen anderen Kulturkreisen die Emotionen nicht aus dem Alltag ausgeklammert. Stattdessen wird der Ansatz verfolgt, seine Gefühle zuzulassen und hinzuhorchen, sie als Teil dessen, was du bist, wahrzunehmen. Oftmals tauchen Gefühle in uns auf, die wir nicht zuordnen können, oder die uns Angst machen, anstatt uns nun aber mit ihnen auseinanderzusetzen, unterdrücken wir sie. Es nicht besonders zielführend seine Gefühle zu unterdrücken, denn letztendlich sind sie natürlich trotzdem da und kämpfen sich früher oder später ihren Weg wieder zurück an die Oberfläche unserer Aufmerksamkeit. Du wirst an dieser Stelle eingeladen, das nächste Mal, wenn deine Gefühle aufkommen, sie einfach sein zu lassen. Beobachte sie für einen Moment und frage dich, woher sie kommen und was sie dir sagen möchte. Entgegen vieler Annahmen beeinflusst nicht nur unser Handeln unsere

Gefühle, sondern auch unsere Gefühle unser handeln. Ob du dich nun mit ihnen auseinandersetzt oder nicht, so oder so werden sie dich beeinflussen. Von daher entpuppt es sich als lohnende Idee, seinen Gefühlen Raum zu lassen. Denn so werden sie unser Handeln in einem Maße beeinflussen, das wir verstehen werden und bis zu einem gewissen Grad lenken können.Unser Bauchgefühl ist laut Sinek meistens unser *Warum*, folglich das, was uns antreibt, was uns motiviert. Wenn wir also ehrlich mit uns selbst umgehen, unsere Gefühle nicht als lästigen Nebeneffekt des Lebens betrachten, sondern sie stattdessen ernst nehmen und die Gegenwart bewusst gestalten und erleben wollen, werden wir intuitiv das tun, was gut für uns ist. Wir werden intuitiv nach unserem *Ikigai* handeln, nach dem, was uns Kraft gibt. Wenn wir nun also diese vielen einzelnen, energiegeladenen Momente der Gegenwart zusammenzählen, ergibt sich ein Bild von einem ganzen Leben, das mit *Ikigai* gelebt wurde. Wenn wir uns den Moment als solchen bewahren, in ihm leben und mit uns und unseren Gefühlen im Reinen sind, werden wir ein schönes, erfüllendes Leben führen, auf das wir stolz zurückblicken können. Es wird nichts geben, was wir bereuen, denn wir werden erstens erkennen, dass uns alles, was wir erlebt haben weitergebracht hat, und zweitens, weil wir nicht das Leben, das andere von uns erwarteten, gelebt haben, sondern unser eigenes. Und das wird uns zu Lebzeiten glücklich und zufrieden machen, aber auch, wenn wir an unserem Lebensabend angekommen sind und auf unsere erlebte Zeit zurückblicken können.

„Ist man in kleinen Dingen nicht geduldig, bringt man große Vorhaben zum Scheitern." Diese Weisheit aus dem fernöstlichen Raum beweist uns erneut, dass die Wertschätzung von kleinen und zunächst unbedeutenden Dingen von großer Bedeutung ist. Ihr wohnt die Magie und notwendige Tatkraft inne, die es braucht, um ernsthaft erfolgreich zu werden, in dem, was man tut. Aber auch die Freude an den kleinen Dingen wird hier zum Ausdruck gebracht, den Geduld gegenüber vermeintlichen Kleinigkeiten steht in Verbindung mit deren Wertschätzung und kann somit selbstverständlich zu Freude führen. Außerdem ist es viel leichter, geduldig zu bleiben, wenn wir uns über das, was wir tun freuen. Das bedeutet auch für dich, dass nicht jede deiner

Taten von immenser Bedeutung sein muss: du darfst und du sollst dich sogar mit den kleinen Dingen im Leben genauso zufriedengeben können, wie mit den großen. Es ist wichtig, dass du auch die kleinen Erfolge schätzt, denn sie sind es, die dir helfen werden, dein dahinter liegendes, größeres Ziel zu erreichen. Und auch für deine schlichte Alltagsbewältigung ist es von Vorteil, wenn du dich über Minimales freuen kannst. So kann es bereits ein Erfolg sein, wenn du einen Punkt von der To-do-Liste streichen kannst. Doch hinter der Freude an den kleinen Dingen steckt noch mehr. So kommt es, dass in der japanischen Kultur eine Religion namens Shinto-Religion verankert ist, die von acht Million Göttern handelt. Wobei die acht Millionen Götter hier nicht für eine tatsächliche Zahl stehen, sondern vielmehr für die Nicht-Zählbarkeit der Gottheiten, so gibt es unzählig viele Götter. Laut der Shinto-Religion stecken Gottheiten in allem, was auf der Erde existiert – auch in leblosen Gegenständen. Ihre Wertschätzung genießt somit oberste Priorität. Der Shintoismus zeichnet sich im Gegensatz zu anderen Religionen weder durch einen oder mehrere Gründer noch durch einen Moralkodex oder eine heilige Schrift aus. Im Zentrum des Glaubens steht die Verehrung der Naturgewalten und *Kami*. Darunter verstehen die Japaner eine dem Menschen übergeordnete Existenz, es handelt sich hierbei um zahlenmäßig unbegrenzte Wesen, die auf unterschiedliche Art und Weise verkörpert sind. Es können sowohl himmlische Dinge als irdische Dinge sein und manchmal werden auch verstorbene japanische Helden als *Kami* verehrt. Nichtsdestotrotz steht im Zentrum des Shintoismus die Verehrung der unterschiedlichen Kräfte der Natur. Das bedeutet, dass viele *Kami* als Hüter bestimmter Naturvorkommnisse oder Orte wirken, wie etwa ein *Kami*, der einen Wald behütet oder ein anderer, der auf einem Berg lebt.Die Freude an den kleinen Dingen hat somit automatisch auch etwas mit der Wertschätzung von zahlreichen Gottheiten zu tun und lässt sich hervorragend mit dem Gedanken der Nachhaltigkeit vereinbaren. Denn würden wir nicht alle besser miteinander und der Natur umgehen, wenn wir davon ausgingen, dass in allem, was uns umgibt Gottheiten stecken? An dieser Stelle können wir wieder einmal erkennen, wie sehr die unterschiedlichen Säulen zusammenhängen können und wie tief sie in der japanischen Tradition, Denk- und Lebensweise verankert sind.

Die letzte hier zu besprechende, zweite Säule, unterstreicht die Wichtigkeit des Loslassens. Falls du dich bereits ein wenig im Spektrum des Buddhismus auskennst, wirst du vermutlich eine Ahnung haben, worum es sich beim „Loslassen“ nun genau handelt. „Loslassen“ ist gleichbedeutend mit der Negierung des Ichs, was wiederum viel mit dem Zen-Buddhismus gemeinsam hat. Auch wenn „Negierung“ vielleicht erst einmal negative Assoziationen hervorrufen mag, ist es doch sehr wichtig an dieser Stelle zu betonen, dass es sich im Kontext von Ikigai um etwas Positives handelt. Denn so meint die Negierung des Ichs für einen Moment, die sozial und kulturell konstruierten Hüllen abzulegen. Dies kann man hervorragend am Beispiel eines Kindes erklären. Denn Kinder brauchen kein Ikigai, da ihre Persönlichkeit noch nicht gesellschaftlich „eingeordnet ist“; sie sind noch nicht von einem sozialen Status oder einem Beruf abhängig und ihr Ich ist noch nicht durch kulturelle Einflüsse geprägt. Das Kind lebt immer im Moment, es beschäftigt sich mit dem, was direkt vor ihm liegt. Das können wir mit einer Negierung des Ichs ebenfalls erlangen, indem wir loslassen. Indem wir im Hier und Jetzt leben und uns mit dem Moment, in dem wir uns gerade befinden, auseinandersetzen. Einer der wesentlichen Merkmale des Flow-Zustandes ist das Loslassen, das sich fallen lassen und das aufgehen in dieser einen Tätigkeit. Unsere gesamte Aufmerksamkeit, all unsere Sinne konzentrieren sich auf besagte Beschäftigung und wir vergessen Raum und Zeit. Wenn wir das tun, befinden wir uns im Flow-Zustand. Gleichzeitig ist dies nur möglich, wenn wir loslassen, wenn wir für diesen Moment unser Ich negieren, sodass wir nicht an das denken, was uns erwartet, welche Aufgaben noch vor uns liegen, was alles auf unserer To-do-Liste steht. Wir geben uns einfach dem Moment und dieser einen wunderbaren Tätigkeit hin, die so atemberaubend ist, dass wir alles um uns herum vergessen.

Wir alle kennen das Gefühl, wenn wir für eine Sache brennen und sie unsere Aufmerksamkeit völlig beschlagnahmt, dann handeln wir im Flow. Das Loslassen ist also ein zentraler Kernpunkt, wenn es um das Leben im Hier und Jetzt geht und ist somit auch eng mit der Achtsamkeit verwoben. Da wir uns selbst schätzen, werden wir diese Flow-Tätigkeiten immer wieder tun, denn sie bereiten uns schließlich Freude. An dieser

Stelle können wir ebenfalls erkennen, dass das Loslassen auch in Verbindung mit der Freude am Leben steht. Wenn wir loslassen, können wir einen Moment in vollen Zügen, in all seiner Herrlichkeit annehmen und genießen. Wir können uns in ihm auflösen und unseren Geist und unser Herz in ihm aufgehen lassen.

Auch hier können wir erneut feststellen, dass die fünf Säulen des *Ikigai* in einer Beziehung zueinanderstehen und sich gegenseitig bedingen und beeinflussen können. Keine steht über der anderen, stattdessen bieten sie uns ein wunderschönes, einmaliges, erfüllendes Zusammenspiel voller Achtsamkeit und Harmonie. Die Freude an den kleinen Dingen spielt ebenfalls mit hinein, da die Tätigkeit, die uns in einen Flow-Zustand versetzt, selbstverständlich auch eine kleine, unscheinbare Tätigkeit sein kann. Wir sehen, die fünf Säulen von Ikigai ergänzen sich und in ihrer Gesamtheit definieren sie *Ikigai*.

Die Lotusblume des Ikigai

Die Lotusblume von Ikigai gibt dir Aufschluss darüber, wie dein persönliches, individuelles *Ikigai* aussieht; woraus es sich zusammensetzt. Es ist die Antwort auf die Fragen: „Was macht mich glücklich? Was erfüllt mich?" Als übergeordneter Antrieb für alles, was wir tun, kann die Entdeckung deines *Ikigai* dir helfen, genau herauszufinden, was der richtige Weg für dich ist. Indem du dir folgende Fragen stellst und beantwortest, wirst du deinem *Ikigai* näherkommen. Falls dir es schwerfällt, auf diese Fragen direkt eine Antwort zu finden, oder du noch tiefer nach deinem Selbst „graben" möchtest, unterstützen dich die weiterführenden Fragen und Übungen am Ende dieses Kapitels. Hierfür benutze am besten Stift und Papier, da wir sehr schnell dazu neigen, Dinge einfach wieder zu vergessen. Es ist wichtig, dass du sie notierst.

Was du liebst, überschneidet sich mit dem, worin du gut bist, und führt dich folglich zu deiner *Leidenschaft*. Welche Leidenschaften hegst du?

Worin du gut bist, überschneidet sich mit dem, wofür man dich bezahlen kann, und ergibt somit deinen Beruf. Was ist dein *Beruf*?

Wofür man dich bezahlen kann, überschneidet sich damit, was die Welt braucht und zeigt dir deine *Berufung*. Wie lautet deine Berufung?

Was die Welt braucht, überschneidet sich mit dem, was du liebst, und ergibt somit deine *Aufgabe*. Welche konkrete Aufgabe gibt es für dich, die du zur Welt beitragen kannst, indem du gleichzeitig tust, was du liebst? Was ist deine Aufgabe?

Und *Leidenschaft*, *Beruf*, *Berufung* und *Aufgabe* überschneiden sich, um in deren Zentrum ein *Ikigai* zu bilden. Dein *Ikigai*.

Wie wir sehen können, besteht unser Ikigai aus mehreren Teilen, die in ihrer Gesamtheit wirken. Im Großen und Ganzen können wir sagen, dass *Ikigai* im Wesentlichen aus vier Bereichen besteht:

1. Was du liebst
2. Was du gut kannst
3. Wofür du bezahlt werden kannst
4. Was die Welt braucht

Diese vier Bereiche können wir selbstverständlich mit weiteren Fragen ergänzen. Nun, da du dich bereits mit der Lotusblume auseinandergesetzt hast und die vier Bereiche kennst, notiere dir pro Bereich die unterschiedlichen Antworten auf folgenden Fragen. Du kannst die hier aufgeführten Fragen selbstverständlich erweitern und noch weitere hinzufügen:

1. **Was du liebst**

   Hierzu zählt alles, was dich begeistert. Was kannst du nahezu grenzenlos tun? Worüber hast du dich als Kind besonders gefreut? Worauf freust du dich am meisten? Wenn du nur einer Tätigkeit nachgehen dürfest – welche wäre es?

2. **Was du gut kannst**

   An dieser Stelle sind deine Talente gefragt. Worin bist du besonders gut? Was kannst du besser als jeder andere? Welche Ausbildung oder welches Studium hast du absolviert? Durch welche Kompetenz unterscheidest du dich maßgeblich von anderen?

3. **Wofür du bezahlt werden kannst**

   Womit finanzierst du dich? Womit bestreitest du deinen Lebensunterhalt noch? Was ist dein Beruf?

4. **Was die Welt braucht**

   Was würde deiner Umwelt, den Menschen in deiner Umgebung fehlen, wenn es dich nicht mehr gäbe oder, wenn du für eine lange Zeit weg wärst? Was möchtest du, dass von dir in Erinnerung bleibt? Was möchtest du der Welt hinterlassen? Welche Eigenschaft von dir ist für andere Menschen und die Welt im Allgemeinen wichtig?

Die Lotosblume des Ikigais hat neben den Schnittmengen, die Beruf, Passion etc. ergeben, allerdings noch weitere Schnittmengen, die direkt an das Zentrum angrenzen und nur aus drei der vier Kreise bestehen, wie du auf der Ikigai-Grafik erkennen kannst. Mit diesen Schnittmengen kannst du erkennen, warum du noch nicht das Leben lebst, was dich langfristig glücklich macht.

- Schnittmenge aus dem, was du liebst, was die Welt von dir braucht und worin du gut bist (obere Schnittmenge, die ans Zentrum angrenzt): Hier fehlt der Bereich „wofür du bezahlt werden kannst“, sodass du in deinem Leben und Alltag zwar grundsätzlich Freude verspürst, dir allerdings Wohlstand fehlt, um langfristig sorgenfrei zu leben.

- Schnittmenge aus dem, was du liebst, was die Welt von dir braucht und wofür du bezahlt werden kannst (rechte Schnittmenge, die ans Zentrum angrenzt): Hier fehlt der Bereich „worin du gut bist", sodass du zwar ein für dich spannendes und selbstzufriedenes Leben führst, in dir allerdings ständig das Gefühl der Unsicherheit brodelt, weil du selbst spürst, dass du in dem, was du tust, nicht wirklich gut bist und so damit Angst vor Fehlern hast.
- Schnittmenge aus dem, wofür du bezahlt werden kannst, was die Welt von dir braucht und worin du gut bist (untere Schnittmenge, die ans Zentrum angrenzt): Hier fehlt der Bereich „was du liebst", sodass du ein bequemes Leben führst, allerdings ein Gefühl der Leere in dir trägst.
- Schnittmenge aus dem, wofür du bezahlt werden kannst, was du liebst und worin du gut bist (linke Schnittmenge, die ans Zentrum angrenzt): Hier fehlt der Bereich „was die Welt von dir braucht", sodass du zufrieden bist, dich allerdings nutzlos fühlst. In der Praxis kommt dieser Fall eher selten vor, denn wenn du mit deinem Leben bzw. deinen täglichen Tätigkeiten nichts gibst, was die Welt von dir braucht, ist es auch schwer, Geld zu verdienen.

Um zu verdeutlichen, wie die vier Bereiche in Verbindung stehen und wie sie ein *Ikigai* formen können, soll folgendes, simples Beispiel dienen: Ein Mann namens Thomas ist ein exzellenter Mechaniker und Tüftler (worin er gut ist). Er leistet hervorragende Arbeit in seiner Werkstatt, indem er sich mit der Technik der Dinge auseinandersetzt, herausfindet, wo das Problem liegt und wie er eine Sache bessern und variieren kann. Gleichzeitig liebt Thomas Wohnmobile und Kanada, seitdem er in seiner Jugend ein Jahr dort war (was er liebt). Nach der Schule verbrachte er eine großartige, für ihn wichtige Zeit in Kanada, lernte viel von der Kultur und genoss viele schöne Momente mit seinen Freunden in einem Wohnmobil draußen in der weiten Natur. Nun könnte sein Ikigai sein, in Kanada individuelle Wohnmobile zu bauen, weil er damit Geld verdient (wofür man bezahlt wird) und dort den Menschen das individuell perfekte Wohnmobil für Ihre Traumreise baut (was die Welt von einem braucht). Denn da er ein herausragender Mechaniker und Tüftler ist, ist er fähig an den Kunden angepasste Wohnmobile zu bauen und die Wünsche der Kunden damit zu erfüllen. Das als Unternehmen zu betreiben, wäre also sein Ikigai, was ihn tagtäglich motiviert. Es kann aber auch die eigene Familie oder die Kinder und deren Wohl sein, die das eigene *Ikigai* darstellen. Denn wie wir bereits feststellen konnten, kann alles *Ikigai* sein.

Versuche, deinen wiederkehrenden Alltag so zu gestalten, dass er die vier Bereiche abdeckt und du dein Leben möglichst mit viel Ikigai gestalten kannst. Außerdem ist so die erwünschte Trennung von Arbeit und Freizeit überflüssig, da du tun wirst, was dich ganzheitlich glücklich macht. Frustration und Unruhe bleiben somit aus. Im Prinzip bezieht sich *Ikigai* somit auf zwei wesentliche Aspekte. Auf der einen Seite meint *Ikigai* bestimmte Lebensumstände, Interessen und Aktivitäten, die dich langfristig glücklich machen und dein *Warum* bzw. persönlichen Sinn des Lebens darstellen. Auf der anderen Seite steht das gegenwärtige Gefühl von Glück, wenn man jene Lebenszufriedenheit und Sinnhaftigkeit empfinden kann, das Glück Sinn in seinem Leben zu empfinden oder das erheiternde, erfüllende Gefühl, wenn man den Zustand der generellen Lebenszufriedenheit erreicht hat. Du wirst also erleben, dass dich Ikigai auf zweierlei Weise unterstützt, glücklich macht und voranbringt.Wenn du nun begonnen hast, in dich zu gehen und systematisch und mit großer Sorgfalt die Fragen beantworten möchtest, dann versuche dich gleichzeitig von jeglichen Vorurteilen zu lösen. Manchmal wollen wir nicht formulieren, was wir lieben, weil wir das Gefühl haben, es sei zu unscheinbar. Löse dich von Gedanken wie diesen und beantworte die Fragen frei und ohne Hemmungen. Anschließend versuche Gemeinsamkeiten zu entdecken, Dinge, die dir als weniger wichtig erscheinen im Vergleich zu anderen Dingen, die du notiert hast, wegzustreichen und versuche herauszufinden, inwiefern sich die unterschiedlichen Antworten kombinieren, auf einen gemeinsamen Nenner bringen lassen. Und siehe da: Du wirst deine *Ikigai*-Lotosblume finden.Was können wir von der Lotosblume lernen? Die Lotosblume ist im Buddhismus und der östlichen Zivilisation ein wichtiges Symbol des Lebens und der Natur. Auch im Zusammenhang mit deinem Ikigai hat die Lotosblume zahlreiche Bedeutungen:

- Die Lotosblume benötigt wie jede Pflanze Nährstoffe, um prächtig zu gedeihen. Nur durch aktive, tiefgründige Gedanken über dich selbst nährst du deine Lotosblume bzw. dein Ikigai.
- Einer gesunden Lotosblume kann so schnell kein Übel widerfahren. Dank des Lotoseffektes perlt Schmutz einfach von ihren Blättern ab. Dein Ikigai vor Augen zu haben, erleichtert dir also, mit Herausforderungen klarzukommen.
- Die Lotosblume benötigt keinen kristallklaren Schlossteich. Sie gedeiht genauso gut in einem schlammigen Tümpel. Dies verdeutlicht, dass deine derzeitige Situation und dein bisheriges Leben keinen Einfluss darauf haben, ob dein zukünftiges Glück und Ikigai wachsen kann. Alles ist möglich!
- Aus einer Lotosblume werden bei idealen Bedingungen schnell zwei oder drei; ja sogar bis hin zu Hunderten in einem großen See! Beginne bei deinem Ikigai und du wirst sehen, wie immer mehr Menschen in dein Leben kommen, die ihr Ikigai gefunden haben oder durch deine Inspiration finden.

KAPITEL 4:

Von Wabi-Sabi, Kintsugi und Kodawari

Neben *Ikigai* spielen auch andere Begriffe aus der japanischen Lebensphilosophie eine Rolle. Beginnen wir mit *Kodawari*: Dieser Begriff wird dir neben den anderen ebenfalls dabei behilflich sein, durchzuhalten. Er wird dich dabei unterstützen bei einer bestimmten Tätigkeit weder die Geduld noch die Fassung zu verlieren und dein Durchhaltevermögen stärken. Wie Ken Mogi erklärt, ist es schwierig, diesen Begriff direkt zu übersetzen, da er in einen komplexen kulturellen Kontext gebettet ist. Am ehesten kann *Kodawari* allerdings mit „Beharrlichkeit", „Beständigkeit" oder „Engagement" umschrieben werden. Wie du dir bereits denken kannst, geht es darum, an einer Sache dranzubleiben, und zwar – und das ist sehr wichtig – nach eigenem Maß. Das bedeutet, dass *Kodawari* keine allgemeine Beschreibung von etwas Ähnlichem wie Durchhaltevermögen und Beharrlichkeit ist, sondern vielmehr eine Beschreibung dessen, was du zu leisten bereit bist. Es ist mehr eine Einstellung und offenbart deinen persönlichen Stolz, auf das, was du tust. Gleichzeitig hat *Kodawari* auch viel mit der ersten Säule von *Ikigai*, dem „klein anfangen" zu tun, so sagt Mogi:

„Kurz gesagt ist *Kodawari* ein Ansatz, bei dem sehr großen Wert auf sehr kleine Details gelegt wird. Unter den fünf Säulen von *Ikigai* ist

Kodawari die erste, „klein anfangen", die nicht unbedingt den Einsatz von hochfliegenden Plänen umfasst."

Dass der Begriff aus der japanischen Kultur stammt, manifestiert sich zum Beispiel in der Anzahl einzigartiger Restaurants, Bars und Cafés, welche sich perfekt an ihre Umgebung anpassen. Aus der hohen Anzahl individueller Restaurants lässt sich schließen, dass hier viele Gastronomen am Werk sind, die sehr überzeugt von der Einzigartigkeit ihrer Arbeit sind. Sie haben eine Vision und setzen ihr *Kodawari* ein, um dieser Version näher zu kommen. Gleichzeitig geben sie nicht auf und bessern ihre Methoden und Speisen stetig nach. So kommt es nicht selten vor, dass eine Mahlzeit angeboten wird, die es sonst nirgendwo gibt, eine Spezialität des Hauses, auf die der Hausherr oder die Hausherrin besonders stolz ist. Auch hier zeigt sich, dass Authentizität von großer Bedeutung ist, denn genau jene Geschäfte sind außergewöhnlich beliebt, da sie aus Überzeugung, aus einer Vision und dem Wunsch eine Gemeinschaft zu kreieren und zelebrieren entstanden sind. In Japan wird dies besonders hochgeschätzt, so findet sich der Geist des *Kodawari* nicht nur bei herausragenden Denkern und Innovatoren, sondern im Allgemeinen unter den Menschen. Sprich auch bei gewöhnlichen, durchschnittlichen Leuten ist die Idee von *Kodawari* weit verbreitet. Dies zeigt sich beispielsweise ebenfalls anhand der hohen Anzahl von Bauern, die handwerklich arbeiten und ihre Methoden perfektionieren. Aber auch Handwerker legen in Japan mithilfe von *Kodawari* einen Perfektionismus, eine Leidenschaft und eine Beharrlichkeit an den Tag, der andere überraschen mag.

Wichtig ist auch zu erwähnen, dass *Kodawari* oftmals als das Phänomen des Weit-über-das-eigene-Maß-hinaus-arbeiten beschrieben wird. Es ist das Markenzeichen der Menschen, die ihre Ziele außerordentlich zielstrebig und hartnäckig verfolgen. Sie verfolgen ihre Ziele so hartnäckig, dass man sich als Außenstehender nur wundern kann und gleichzeitig übertreffen sie mit ihrer Anstrengung, das, was der Markt für vernünftig hält. Das bedeutet, auch wenn der Markt bereits Einhalt gewährt, verfolgen Menschen mit einem ausgeprägtem *Kodawari* ihr Ziel noch weiter. Denn wer ein Produkt verkaufen möchte, muss höchste Qualität anbieten können. Mit einem „ganz gut" oder „zufriedenstellend" geben sich Menschen mit *Kodawari* nicht zufrieden, sie wollen die Sache weiter vorantreiben, ohne ersichtlichen Grund.

Ich will so werden, wie ich bin

Wabi-Sabi hingehen ist ein weiteres japanisches Konzept, was sich auf die Schönheit der Dinge bezieht. Es beschreibt eine gewisse Form der Lebensführung und der Lebenseinstellung, aber auch die Wertschätzung einer ganz bestimmten Schönheit.

Im Vordergrund stehen die Dinge in ihrer Unvollkommenheit, in ihrer Vergänglichkeit, das bedeutet, dass *Wabi-Sabi* uns lehren möchte, Schönheit nicht in der Perfektion zu suchen. Stattdessen sollten wir vielmehr ein Augenmerk auf Unvollkommenes, Fehlerhaftes werfen und die Schönheit darin entdecken und wertschätzen. Gerade in Bezug auf unseren westlichen Standpunkt ist dies ein sehr interessanter Gedanke, denn er steht im klaren Kontrast zum Streben nach Perfektion und Selbstoptimierung. Es geht also nicht darum, eine getöpferte Tasse wegzuwerfen, weil die Glasur nicht gelungen ist oder weil sie einen leichten Sprung hat, sondern darum, genau jene Unvollkommenheit an ihr lieben zu lernen und ihre Individualität somit anzuerkennen. Flüchtiges, Unvollkommenes, Unvollständiges besitzt eine Schönheit, die jener der Natur sehr nahekommt, und wie wir bereits wissen, nimmt die Natur in der japanischen Kultur und Religion einen wichtigen Stellenwert ein. Gleichzeitig können wir an dieser Stelle die Brücke zur Wertschätzung der Vergänglichkeit schlagen, denn auch sie setzt den Fokus gewissermaßen auf die Wertschätzung der Einmaligkeit von Dingen. Wenn wir uns mit Freunden treffen wird es diesen Moment genauso wie er ist, kein zweites Mal geben. Jenes Konzept der Wertschätzung des Moments und der Einmaligkeit heißt auf Japanisch: „Ichi-go ichi-e" und spielt bei Teezeremonien im japanischen Alltag und Kampfkünsten beispielsweise eine wichtige Rolle. Ein weiteres Beispiel aus dem japanischen Raum ist der Wiederaufbau des Ise-Schreins, der alle zwanzig Jahre stattfindet. Der Ise-Schrein gilt als Heiligtum der

Shinto-Religion und ist mittlerweile über tausend Jahre alt, wobei sein Wiederaufbau als Wahrung von Traditionen gewertet wird und außerdem das Menschengemachte und das Vergängliche schätzt und sich ihnen nicht in den Weg stellt oder versucht sie zu umgehen. Allerdings steht nicht nur die Schönheit im Vordergrund, wenn wir von Wabi-Sabi sprechen, sondern eine gesamte Lebenseinstellung. Diese Einstellung bezieht sich auf uns selbst, wie wir uns wahrnehmen, wie wir uns bewerten und wie streng wir mit uns selbst sind. Aber auch darauf, welche Ziele, wir uns stecken und wie wir gedenken ein Teil unserer Gesellschaft sein zu wollen. Außerdem beizieht sich jene Einstellung auch darauf, wie wir andere wahrnehmen und wie wir unsere materielle Umgebung einordnen. Wabi-Sabi gilt in vielerlei Hinsicht als konträres Gegenstück zur westlichen Kultur. Während sich Wabi-Sabi an der Natur und ihren asymmetrischen, weichen, ungleichen Formen orientiert, hat der Westen eine eindeutige Vorliebe für geometrische, präzise, klare Formen entwickelt. Während Wabi-Sabi das Unvollkommene, die Endlichkeit und die Veränderung wertschätzt, strebt der Westen nach Perfektion, Entgegenwirken des Verfalls und der Haltbarkeit und Neuheit von Dingen. Qualität bedeutet in westlichen Hemisphären, einen bestimmten hohen Standard zu wahren. Wer an einem Tag Obst kauft, erwartet, dass das Obst, welches am nächsten Tag im Supermarktregal liegt, genauso gut ist. Oder besser. Ein Wabi-Sabi-Obst hingegen darf eine natürliche, verkrümmte Form haben und ist vielleicht am nächsten Tag nicht ganz so gut. Während Wabi-Sabi die Vieldeutigkeit und die Einzigartigkeit des Moments schätzt, legt der Westen Wert auf Präzision und Eindeutigkeit und möchte am liebsten alles Schöne im Leben wiederholen, festhalten. Wenn uns ein Essen schmeckt, wollen wir es noch mal essen; wenn uns der Kauf von Schuhen über Kummer hinweghilft, kaufen wir das nächste Mal ebenfalls Schuhe. So wie Christopher Weidner, Autor von *Nicht perfekt und trotzdem glücklich*, aufzeigt, haben wir von allem zu viel. Wir arbeiten zu viel, wir essen zu viel und wir besitzen zu viel. Weil wir den Standard von Dingen halten wollen, weil wir bestimmte Dinge unbedingt noch mal genauso erleben wollen und weil wir denken „mehr von etwas“ sei auch automatisch besser. Westliche Denkmuster vermitteln uns, dass das Glück darin liegt, sich Wünsche zu erfüllen. Das Problem ist nur, dass nachdem wir uns einen Wunsch erfüllt haben, bereits der nächste zu erfüllendem Wunsch auftaucht. Um in der Lage zu sein unsere Wünsche stetig zu erfüllen, müssen wir weiterhin arbeiten und funktionieren. So werden wir sowohl abhängig davon, Wünsche zu erfüllen, da wir davon ausgehen, dass nur die Erfüllung von Wünschen zum Glück führt, und gleichzeitig werden wir auch abhängig von unserer Arbeit. Schließlich brauchen wir sie, um unser Laufrad aus Wunscherfüllung und Arbeit am Leben zu halten. Und gleichzeitig werden wir so abhängig von Konsum. Gerade Themen wie jung und alt, schön und hässlich beschäftigen den Westen sehr, jung und schön zu sein gilt als exklusives Ideal. Wer nicht mithalten kann, wird von Minderwertigkeitskomplexen geplagt, hat aber gleichzeitig die Möglichkeit nachzuhelfen. Depressionen, Schlaflosigkeit und suizidale oder selbstzerstörerische Handlungen und Gedanken sind nur einige der potenziellen Auswirkungen der Schönheitswahn bedingten Krankheiten. Die körperliche und seelische Belastung macht uns krank, da die Menschen sich über ihr Äußeres identifizieren und ein sehr enges Bild davon haben, wie sie auszusehen haben, um „schön" zu sein. Wabi-Sabi unterscheidet sich hiervon enorm, denn so legt Wabi-Sabi den Fokus nicht auf bestimmte Äußerlichkeiten, sondern schätzt die Veränderung, die Endlichkeit und den Verfall. Es handelt sich um eine Schönheit, die uns zeigt, dass „ganz normal sein", „anders" sein von Bedeutung sind. Das Minimieren auf einen kleinen Rahmen Äußerlichkeiten spielt keine Rolle. Vielmehr möchte Wabi-Sabi einladen, dass Besondere, das Natürliche, Normale, Vergängliche an jedem von uns respektieren und darin eine eigene Schönheit entdecken, die sich ganz klar an der Natur orientiert. Dieser Gedanke, dieser Ansatz kann so viel Befreiung nach sich ziehen. Denn so müssen wir uns nicht mehr für das ein oder andere Fettpölsterchen, für die ein oder andere Falte schämen. Wir müssen auch nicht mehr versuchen, auszusehen wie jeder andere auch, sondern können uns nur darauf konzentrieren so auszusehen, wie wir es eben tun. Wir können uns einfach schön finden, ohne das Gefühl zu haben dafür einen großen Aufwand betreiben zu müssen, ohne dafür wahnsinnig viel Geld ausgeben zu müssen. Wir können die sein, die wir sind. Die Vorstellung, dass neue Dinge möglichst lange neu bleiben sollen oder dass Dinge, die einen Kratzer oder einen Sprung haben, gleich wesentlich weniger wert sind und die Versessenheit auf Makellosigkeit, hat sich stark auf das westliche Schönheitsideal ausgewirkt. Es hat sich auf die Menschen übertragen, die nun makellos und „neu“, in diesem Sinne jung aussehen wollen. Wenn wir uns im Spiegel der Gesellschaft betrachten, bemessen wir unser Aussehen nach eben aufgeführten Parametern.Wabi-Sabi ist ein in die Jahre gekommenes Konzept, welches sich im Reich der Mitte entwickelt hat, um den perfektionistischen Vorstellungen von Schönheit entgegenzuwirken. Vielleicht ist dies auch unsere Chance, unsere Individualität und Unvollkommenheit zu zelebrieren. Einige Indizien dafür können wir bereits in der Werbebranche beobachten, denn so zeigt sich eine ausgeprägte Bandbreite von Vielfalt. Es werden tendenziell weniger Magermodels abgelichtet, dafür immer mehr Models, die imperfekt sind oder ein paar Kilos „mehr“ haben und somit mit ihrer Einzigartigkeit glänzen können. Dennoch handelt es sich hierbei um eine Entwicklung, die in der Werbebranche angefangen hat, aber noch nicht vollständig im Denken der Menschen angekommen ist. Allerdings kann dir Wabi-Sabi dabei helfen, die vorgelegten Änderungen von Schönheitsidealen von den Werbeplakaten zu holen und individuell für dich umzusetzen.

Das Herz von Wabi-Sabi zeigt sich beispielsweise an einer Geschichte aus dem 16. Jahrhundert. Hierbei handelt es sich um einen wissbegierigen Mann, der alles über die Kunst der Teezeremonie wissen wollte. Er wollte in Erfahrung bringen, wie man die Zeremonien und Riten rund um das Teetrinken lernen kann und suchte einen Meister auf. Dieser bat ihn, den Garten herzurichten und beobachtete ihn heimlich. Nach einer großen, präzisen und gewissenhaften Umsetzung seiner Aufgabe betrachtete der Lehrling schließlich sein Werk und freute sich über einen perfekt geordneten, sauberen Garten. Dann fiel ihm auf, dass etwas fehlte. So ging er zu dem Kirschbaum, schüttelte ihn, sodass ein paar Blüten hinabfielen, und betrachtete sein Werk von Neuem. Nun war er zufrieden. Und auch der Meister war beeindruckt und nahm ihn als seinen Schüler auf. Es zeigt sich, dass nicht der perfekt gepflegte Garten die Gunst der Schönheit genoss, sondern vielmehr die ihm durch die Kirschblütenblätter verliehene Individualität und Flüchtigkeit, machten ihn zu einem schönen Garten. Auch wenn die Blütenblätter bestimmt nach kurzer Zeit verweht wurden, ist der Moment das Entscheidende. Der eine, flüchtige, bewegliche, vergängliche und somit schöne Moment macht den Kern der Erfahrung aus.

Wie kann man Wabi-Sabi also nun übersetzen? Wenn man eine in Japan kultivierte Person nach der Übersetzung fragen würde, käme vermutlich eine komplexe, vielseitige Antwort. Und diese könnte so aussehen: In dem Wort Wabi steckt das japanische Wort Wabiru, was so viel bedeutet, wie sich nach etwas sehnen. Gleichzeitig steckt Wabishii ebenfalls in dem Wort Wabi, was wiederum etwas wie einsam, verlassen und elend bedeutet. Es handelt sich folglich um eine Art Sehnsucht, Wehmut in Kombination mit Verfall und Einsamkeit – kurzum Vergänglichkeit. Wie wir es auch im Zen-Buddhismus beobachten können, gilt die Abkehr von materieller Befriedigung und Wertschätzung als etwas Erstrebenswertes, da es uns befreit. Es befreit uns von den Zwängen immer nachzukaufen, nachzulegen, zu besitzen und diesen Besitz zu pflegen und zu erweitern. Mit der Abkehr von materiellen Werten wird uns der Zugang zur Spiritualität ermöglicht und gleichzeitig können wir uns auf das konzentrieren, was uns wichtig ist, auf das, was wirklich von Bedeutung ist.Sabi hingegen, der zweite Teil der Lebenseinstellung und -anschauung, betont die Flüchtigkeit des Augenblicks. So beschreibt Weidner Sabi als Melancholie des Herbstes, das Sinnbild für Vergänglichkeit und die Stimmung von Nostalgie. All jene Dinge kommen Sabi wohl am nächsten. Dieses Gefühl, wenn man an einen schönen Moment in der Jugendzeit denkt, der perfekt gewesen scheint. Wie die Sonne unterging und wie ein blutroter Ball über dem Horizont hing und wie das Gras geduftet hat, wie schön es war, mit den Freunden Spaß zu haben. Es sind die Augenblicke unseres Lebens, die mit Glück und Zufriedenheit gefüllt sind, die uns im Rückblick gerne als vollkommen erscheinen. Nostalgisch schwelgen wir in Erinnerung und wollen sie am liebsten wiederholen. Das Sabi an dieser Stelle erfreut sich an jenen Momenten und weiß, dass sie uns nicht verloren gehen. Stattdessen sind sie ein Teil von uns geworden und wir tragen sie jeden Tag im Herzen mit uns. Sabi beschreibt auch, dass wir den Gedanken an die Endlichkeit zulassen sollten und nicht als etwas Trauriges, zu Verhinderndes einstufen sollten. Stattdessen sollten wir die Realisierung aller Endlichkeit als Motivationsmotor nutzen, um das Hier und Jetzt zu gestalten und aktiv zu leben. Es handelt sich um eine Haltung gegenüber Unumstößlichem wie dem Tod, eine muntere Haltung, die den im Westen negativ konzipierten Dinge, wie Sterben und Einsamkeit, den Schrecken aberkennt. An dessen Stelle tritt die Wertschätzung der Gegenwart und die Erkenntnis, dass die Dinge in ihrer Unvollkommenheit auf natürliche Art und Weise schön sind.

Wenn wir über Wabi-Sabi sprechen, sprechen wir im Prinzip von zwei wesentlichen Komponenten. Und zwar von der inneren und äußeren Seite von Wabi-Sabi. Die äußere Seite bezieht sich, wie du dir wahrscheinlich schon denken kannst, auf die Äußerlichkeiten einer Sache, auf ihr Erscheinungsbild. Das bedeutet, dass vor allem Künstler und Architekten mit der äußeren Seite von Wabi-Sabi vertraut sind. Auch hier gilt es wieder zu betonen, dass wir uns in keiner westlichen Denkweise befinden, sondern in der des Wabi-Sabi, was konkret bedeutet, dass sich die Schönheit der Dinge darin bemisst, sich von den anderen abzuheben. Gegenstände, die in die Jahre gekommen sind und dementsprechende Spuren nachweisen können, sind von Interesse. Ein Buch, welches oft gelesen wurde, somit zerfleddert ist und einen außerordentlichen Knick an der Seite hat. Eine Tasse, die einen leichten Sprung hat, ein Tuch, das sich vom Waschen verfärbt hat, ein Spiegel mit einem Kratzer. Es sind die Dinge, die aus der Reihe tanzen, nicht (mehr) der Norm entsprechen und die uns eine Geschichte erzählen. Ihre Individualität fängt den Geist von Wabi-Sabi und macht sie dadurch unersetzlich. Denn wir werden es vermutlich nicht schaffen einer Tasse auf die exakt selbe Art und Weise einen Sprung zu verschaffen oder ein anderes Buch auf die gleiche Art und Weise zu zerlesen. Und genau das bedeutet Wabi-Sabi: Einzigartigkeit, vom Leben gekennzeichnet, verfallen, die Spuren der Vergänglichkeit sichtbar. Was ebenfalls zu den Merkmalen der äußerlichen Seite von Wabi-Sabi zählt, ist das Fehlen einer klar definierten, umrissenen Form. Vielmehr handelt es sich hierbei um Gegenstände, deren Formen nichts mit Perfektion und Regelmäßigkeit zu tun haben, sondern asymmetrisch und teils sogar unästhetisch sind. Sie bilden hinsichtlich ihres Aussehens einen großen Kontrast zur Hochglanzmoderne unserer Zeit. Es scheint so, als gäbe es keine definierte Konzeption dahinter – was auch durchaus sein kann. So kann es vorkommen, dass wir besagte Gegenstände sogar als „hässlich" betiteln würden. Weidner beschreibt den Charakter der unregelmäßigen Formen wie folgt: „Wabi-Sabi-Dinge reißen uns aus der alltäglichen Wahrnehmung heraus, weil sie nicht dem gängigen Schönheitsideal entsprechen. Sie scheinen nicht zu passen und schaffen so Raum für eine neue Art und Weise, unsere Umwelt und letztlich auch uns selbst zu betrachten."

Kennzeichnend für Wabi-Sabi-Gegenstände ist auch, dass sie uns nicht sofort ins Auge stechen. Stattdessen liegen sie oftmals unspektakulär am Rande unseres Sichtfeldes. Eher zufällig fällt schließlich unser Blick darauf, aber nur, weil uns etwas gestört hat. Zwischen all den makellosen, neuen und sauberen Gegenständen blitzte etwas auf, was nicht ins Schema passte. Etwas, was unsere Aufmerksamkeit eingefangen hat. Die Wabi-Sabi-Gegenstände ragen nicht unbedingt aus der Masse hervor, im Sinne von schöner, besser, ausgefeilter als die anderen Dinge. Aber sie unterscheiden sich definitiv von ihr, indem sie den ein oder anderen Kratzer haben oder verwittert sind. Indem das Leben an ihnen vorbeigezogen ist und seine Spuren hinterlassen hat. Dinge, werden nicht *mit* Wabi-Sabi gemacht, sondern sie *werden* Wabi-Sabi. Dahinter steht der Gedanke, dass wir die Dinge eben nicht kontrollieren sollten und sie absichtlich in eine bestimmte, normfreie Richtung lenken sollten. Stattdessen möchte uns Wabi-Sabi auffordern, die Dinge einfach sein zu lassen, ihren Verfall und ihre Veränderung beobachten und ihre Spuren zu schätzen wissen. Diese Mischung aus nicht klarer Form, Veränderung durch die Tatsache, dass dieser Gegenstand existiert und in die Hand genommen wird, oder Witterungen ausgesetzt ist, schürt in uns das Bedürfnis den Gegenstand in die Hand zu nehmen und zu berühren. Wir möchten eine Beziehung mit ihm aufbauen, da er uns aus unserer gewohnten, normierten Umgebung reißt. Dieser Gegenstand macht uns neugierig und weckt ins uns das Gefühl einer gewissen Vertrautheit. In so einem Moment beschäftigen wir uns hauptsächlich mit ihm und lösen uns für einen kurzen Augenblick in dieser Erfahrung auf. Die Kontaktaufnahme, das Betrachten, das sich auf den Gegenstand einlassen, bietet uns die Möglichkeit im Hier und Jetzt aufzugehen und mit der Gegenwart eins zu werden. Wenn du das nächste Mal auf einen Wabi-Sabi-Gegenstand triffst, dann sei dir bewusst, dass du ihn veränderst, sobald du ihn aus dem Kontext nimmst, indem du ihn vorgefunden hast. Beobachte dabei genau, inwiefern du den Gegenstand nun durch dein Handeln veränderst. Denke immer daran, ihn nicht zu analysieren, denn es spielt keine Rolle, warum oder wie er Wabi-Sabi geworden ist. Es spielt nur eine Rolle, *dass* er Wabi-Sabi geworden ist und nun deinen Weg kreuzt. Horche in dich hinein: Welches Gefühl löst der Gegenstand in dir aus? Auf welche Art und Weise berührt er dich? Was bedeutet dieses Gefühl, das er ausgelöst hat? Was verbindest du damit? Welche Erinnerungen, Eindrücke und Sehnsüchte werden geweckt? Mit dem Beantworten oder Reagieren auf diese Fragen, kannst du von dem Wabi-Sabi-Gegenstand lernen. Du kannst lernen, deine Umwelt und dich etwas anders zu betrachten, die Perspektive zu wechseln.

Die innere Seite von Wabi-Sabi hingegen beschäftigt sich mit einer abstrakteren Komponente, es handelt sich hier um eine Haltung, um eine Einstellung gegenüber dem Leben im Allgemeinen, aber auch gegenüber dem Alltag im ganz Konkreten. An dieser Stelle bist du eingeladen, dir in Erinnerung zu rufen, wie du reagierst, wenn sich eine ungeplante Lücke im Lebenslauf ergibt. Freust du dich? Bist du gestresst? Überlege dir, inwiefern du Verantwortung übernimmst, ist es manchmal vielleicht etwas zu viel Verantwortung? Hast du den Eindruck wirklich ein authentisches Du leben zu können oder versuchst du vielmehr unterschiedlichen Ansprüchen gerecht zu werden, indem du bestimmte Rollen einnimmst? Wie hoch steht Perfektionismus und Optimierung bei dir im Kurs? Wie sehr stressen dich Gedanken an die Vergangenheit oder Zukunft? Wir wissen, dass Zeit ein kostbares Gut ist, so scheint es uns nur logisch, sie möglichst sinnvoll zu nutzen. Nach der Arbeit ist vor dem Freizeitstress, denn so versuchen wir oftmals, unsere Freizeit mit Inhalten zu füllen: Dinge, die man sich schon lange vorgenommen hat, müssen erledigt werden, Freunde wollen wir auch nicht vernachlässigen, unsere Partner am wenigsten und dann möchten wir vielleicht noch das ein oder andere Neue ausprobieren. Wer kennt schließlich nicht das Gefühl, sich schlecht zu fühlen, nur weil man den sonnigen, freien Tag ungeplant vorbeiziehen lassen hat? Wenn du mit Angst auf eine plötzliche freie Stelle in deinem Terminkalender reagierst, solltest du dir die Frage stellen, was dich derartig beunruhigt. Was befürchtest du, wenn du vom Gas gehst? Stillstand? Lass dir gesagt sein, dass ein Genießen des Moments, ein Innehalten und Luftholen niemals Stillstand bedeuten. Es bedeutet, dass du ein wenig Ruhe in dein hektisches Leben einziehen lässt. Es bedeutet auch, dass du dir die Möglichkeit gibst, nachzudenken und nachzufühlen, was in letzter Zeit passiert ist, was du daraus lernen kannst und inwiefern es das widerspiegelt, was du vom Leben möchtest. Gleichzeitig sind genau jene spontanen Momente eine Verkörperung der inneren Seite von Wabi-Sabi, denn sie versprechen uns die Schönheit des Augenblicks. Viele Menschen haben bereits verlernt, mit spontan geschenkter Zeit umzugehen, wir füllen sie stattdessen sofort mit etwas anderem. Mit einem Trend, von dem uns schon länger vorgeschwärmt wird, mit einem Telefonat oder einer Nachricht, die eigentlich nichtssagend sind, da wir uns nur um das Melden willen melden, aber nicht, weil wir tatsächlich etwas mitzuteilen hätten. Vor lauter Angst etwas zu versäumen, denken wir jeden Moment ideal füllen zu müssen. An all diesen Phänomenen hängt die Vorstellung, ein perfektes Mitglied der Gesellschaft zu sein, dessen Wert durch die eben beschriebenen Parameter definiert ist. Ironischerweise würden viele Menschen die Frage, ob sie trotz ihres künstlichen Stresses zufrieden sind, mit Ja beantworten. Faktisch haben wir jedoch immer mehr zu tun, werden dabei aber immer unglücklicher. Denn was uns fehlt, ist das einfache, simple Existieren ohne Zweck und ohne Ziel. Was uns fehlt ist, einfach da zu sein, ohne dass unsere Tätigkeit ein höheres Ziel verfolgt, ohne dass der gelebte Augenblick in irgendein Schema passen muss. Die Momente, in denen wir das Hier und Jetzt leben und den Augenblick als solches genießen, seine Einmaligkeit und das Situative an ihm schätzen, sind es, die unser Leben mit Sinn und Frieden erfüllen. Es sind jene Momente, die uns Ruhe und Vitalität verleihen, denn in ihnen fühlen wir uns lebendig. Je schneller unser Alltag wird, desto mehr wächst der Druck mitzuhalten. Je mehr Auswahl sich uns anbietet, desto schwieriger fällt es uns, einfach mal nichts zu tun und den Augenblick zu genießen. Aber in Wirklichkeit bräuchten wir genau das. Wenn wir nicht aufhören, uns unaufhörlich vollzustopfen, obwohl wir schon lange keinen Hunger mehr haben, übersättigen wir uns. An dieser Stelle können wir hervorragend die Verbindung zu Okinawa herstellen. Wir haben bereits weiter vorne gelesen, dass eine körperliche Übersättigung, das ständige Zu-viel-essen dem Körper nichts Gutes tut. Und das Gleiche gilt auch für unseren Geist hinsichtlich neuer Eindrücke, Informationen und Wissen. Auch in diesem Zusammenhang sollten wir uns hin und wieder eine Verschnaufpause gönnen. Wenn du also bereits festgestellt hast, dass dein Alltag mit zahlreichen Verpflichtungen zugepflastert ist und es kaum oder keinen Raum für ungeplante Momente gibt, dann gehe in dich, und versuche herauszufinden, welche der Verpflichtungen von großer Bedeutung sind. Versuche herauszufinden, welche Verantwortung du abgeben kannst oder dir mit jemandem teilen kannst, damit du ein wenig mehr Freiraum in deiner Freizeit hast. So kannst du dir ein wenig Zeit verschaffen. Eine Lebensplanung, die keinen Raum für dich zulässt, hat auch keinen Platz für Wabi-Sabi. Sobald du deinen Terminkalender ein wenig luftiger gestaltet hast und dir ein paar freie Momente geschaffen hast, wirst du sehen, dass du fähig sein wirst – falls du es nicht mehr hundertprozentig bist – Kontakt mit den schönen, spontanen Dingen im Leben aufzunehmen. Du wirst wieder bemerken, wie schön der Kirschbaum an der nächsten Ecke blüht, wie köstlich der Kuchen deines Nachbarn duftet und wie elegant die Blätter vom Wind verweht werden. Die Einmaligkeit von Dingen und ihr situativer Charakter können wieder in den Vordergrund rücken und dir einen zauberhaften Augenblick schenken. Wenn du fähig bist, deinen Alltag zu entschleunigen wirst du ein Gefühl für die Botschaft des Augenblicks erlangen. Solltest du also das nächste Mal eine unvermutete Zeitlücke in deinem Alltag finden, halte inne. Denke nicht darüber nach, wie du sie nutzen könntest, wie du sie gestalten könntest. Denke auch nicht darüber nach, was du tun möchtest oder bereits getan hast, nimm sie ausschließlich wahr. Wie sieht deine Umgebung zu diesem Zeitpunkt aus? Was können deine Sinne wahrnehmen an Farben, Geräuschen, Gerüchen und Geschmäckern? Wie fühlt sich dein Körper an? Wie fühlt es sich an zu stehen oder zu sitzen bzw. zu liegen? Was gefällt dir an diesem Augenblick? Welche Assoziationen tauchen in diesem Moment auf? Sieh diesen Augenblick als die Chance, nicht zu funktionieren. Wenn der Geschirrspüler piept, lasse ihn piepen. Wenn du Ordnung in deine Sachen bringen könntest, tue es nicht. Fühle dich für einen Moment befreit von den Zwängen zu schaffen und zu tun. Lasse diesen Augenblick einfach passieren, und zwar genau so, wie er eben ist. Es tut gut, sich solch ungeplante Momente zu gestatten, sich Zeit zu nehmen und sich mit sich selbst und der eigenen Wahrnehmung auseinanderzusetzen. Außerdem ist es gleichzeitig eine Herausforderung für die eigenen Sinne und für die Haltung, die man gegenüber bestimmten Angelegenheiten hat. So können wir uns selbst die Möglichkeit geben, unserer Wahrnehmung den Tunnelblick abzunehmen, indem wir sie unkontrolliert agieren lassen. Eventuell verändert sie sich dadurch ein Stück weit und wir betrachten Dinge aus einem anderen Blickwinkel oder aus einer erweiterten Perspektive. Dies kann sich selbstverständlich auch auf unsere Haltung auswirken und sie somit an manchen Stellen vielleicht enthärten oder flexibler werden lassen. Unsere Sinne sind zusätzlich gefordert und dürfen auf eine etwas andere Art und Weise eingesetzt werden, was sie definitiv schärfen wird. Und diese Verschärfung unserer Sinne wird uns in vollgestopften, routinierten, geplanten und stressigen Momenten hilfreich sein. So können wir vielschichtiger wahrnehmen, was um uns herum gerade passiert, und erkennen früher, ob die Situation für uns passt, oder ob wir sie in eine andere Richtung lenken sollten, beziehungsweise sie, wenn möglich, verlassen sollten. Wabi-Sabi ist ein allumfassendes, vitales und hilfreiches Konzept, eine heitere Einstellung, die unser Leben leichter und lebenswerter machen kann.

Wichtig ist allerdings auch, zu wissen, dass Wabi-Sabi nicht das Ziel hat, dass du dich weiter anpasst, es bedeutet auch nicht sich zu „verbessern" im Sinne von „optimieren", sondern dem gesamten Leben mit einer neuen, vitalen, befreienden Haltung zu begegnen. Gegebenenfalls müssen wir hierfür auch unser gesamtes Umfeld ändern. Denn was nützt es uns, wenn wir uns unsere Arbeit erleichtern, indem wir gelernt haben, bestimmte, für uns wichtige Dinge umzusetzen, aber im gleichen Atemzug einen Job ausführen, der nicht unseren Fähigkeiten entspricht? Richtig: nichts. Zusammenfassend bedeutet das für dich, dass du Wabi-Sabi als Chance begreifen kannst, dein Ikigai zielführend umzusetzen und deiner Gesamteinstellung dem Leben und deinem konkreten Alltag gegenüber mit einer lebensbejahenden und befreiten Haltung gegenübertrittst. Wenn du lernst, dich so schön zu fühlen – falls du es noch nicht tust – wie du bist und dein Aussehen so wie es ist zu hundert Prozent zu akzeptieren, wird eine große Last von deinen Schultern fallen. Dein Alltag wird dir wesentlich mehr Freude bereiten, als zuvor, da du ihn nicht mit Minderwertigkeitsgefühlen meistern musst und da du deine Energie nun auf andere Dinge fokussieren kannst. Allerdings wirst du nicht einfach nur mehr Energie zur Verfügung haben, du wirst auch schlicht und ergreifend mehr Zeit haben. Denn so wirst du es lassen, dich mit irrwitzigen Schönheitsidealen auseinanderzusetzen. Das Leben auf das zu minimieren, was für dich von Bedeutung ist, schenkt dir neben Erfüllung und Befriedigung auch Zeit und Energie, die du bis dato verschwendet hattest, oder zumindest nicht zielführend für dich genutzt hattest.

Ziel ist es mit Wabi-Sabi neue Werte für unsere Leben zu erschaffen. Dazu zählt, den Augenblick schätzen zu lernen und einen Blick für Gelebtes, Verfallenes und Gezeichnetes zu bekommen. Denn dieser Blick wird uns die Schönheit von Einmaligkeit und Einzigartigkeit offenbaren, zudem werden wir immer vor Augen haben, dass sich die Dinge ändern und dass Dinge vergehen. Und dieses Bewusstsein wiederum ermöglicht es uns, die Gegenwart zu lieben und für das, was wir haben dankbar zu sein. Dieses Bewusstsein gestattet uns ebenfalls, einen klareren Blick auf das Wesentliche zu erlangen, und auf das, was uns *heute* wichtig ist und worum wir uns *heute* kümmern wollen. Ziel ist es, zu lernen, den Dingen ihren Lauf zu lassen, sie nicht krampfhaft festzuhalten oder wiederholen zu wollen und ihre Veränderung zu akzeptieren. Gleichzeitig möchten wir erkennen, was zu uns passt und welche Dinge wir aus unserem Alltag verbannen sollten. Kurz gesagt: Welche Dinge unsere Aufmerksamkeit und Energie wert sind und welche nicht. Zu unterscheiden, was uns auferlegt worden ist und was wir tun, weil wir davon überzeugt sind, gehört ebenfalls zu den neuen Werten, die von Wabi-Sabi bestimmt werden. Geben wir uns also die Möglichkeit mit Wabi-Sabi Momente des reinen Wahrnehmens und Registrierens zu schaffen, Momente von Klarheit zu begünstigen und dem schädlichen, aggressiven Perfektionismus zu strotzen. Wir können somit zu mehr Selbstakzeptanz, Gelassenheit und Harmonie gelangen, wenn wir Wabi-Sabi in unsere Leben lassen. Wenn wir zulassen, dass wir der Vergänglichkeit von Dingen nicht mit Angst und Panik begegnen. Stattdessen betrachten wir sie mit einem wehmütigen und mit einem lächelnden Auge, da wir dankbar sind, Teil dieser Sache gewesen sein zu können und da wir ihre Schönheit in ihrem Sein erkennen. Oder auch, da wir dankbar sind, weil diese Sache nun unsere Umgebung verlässt und somit hinter uns liegt. Denn so sind selbstverständlich nicht nur die lustigen, ertragreichen Augenblicke im Leben vergänglich, sondern auch die anstrengenden, ermüdenden werden ein Ende finden. Das schenkt uns Ruhe, Kraft und Besonnenheit. Wabi-Sabi lockert unseren Alltag auf und erinnert uns daran, dass wir diejenigen sein dürfen, die wir schon immer waren.

Ein weiteres entscheidendes Merkmal, wenn wir über Wabi-Sabi sprechen, ist die Konzeption von Individualität. So kommt es, dass gerade Abweichungen vom Perfekten als erstrebenswert angesehen werden. Stellen wir uns einmal vor, jemand zeichnet ein Quadrat. Wenn dieser jemand das Quadrat mit einem Geodreieck zeichnet, werden wir niemals bei bloßer Betrachtung feststellen können, wer dieses Quadrat gezeichnet hat, oder ob es überhaupt eine Person mit der Hand gezeichnet hat. Wenn diese Person es allerdings freihändig zeichnet, wird es nicht perfekt, gleichzeitig wird es nicht austauschbar – und somit einzigartig werden. Und genau das ist es, weswegen sich Perfektion und Individualität ausschließen. Das Perfekte unterscheidet sich nicht mehr, weicht nicht mehr ab, verändert sich nicht mehr. Keine Veränderung bedeutet, keine Entwicklung und kein Weiterkommen. Es bedeutet kein Leben, sondern Tod, denn so gilt Perfektion als die Endstation von Entwicklung:

„Wabi-Sabi orientiert sich am Leben selbst. Nichts Lebendiges kann perfekt sein, denn das würde bedeuten, dass es aufhört, sich zu entwickeln, dass es tot ist.“

Und was bedeutet das nun für dich? Es bedeutet, dass du deine Individualität nicht nur als Alleinstellungsmerkmal betrachten solltest, sondern auch als den Teil, der dich *lebendig* macht. Der dir Weiterkommen und Entwicklung verspricht, der deinen Tätigkeiten einen kleinen oder auch großen Wiedererkennungswert gibt. Außerdem fällt dir somit die Last von den Schultern, dich immer vergleichen zu müssen. Nach links und rechts zu sehen, und schauen, was die anderen machen, wird sich für dich erledigen, weil du begriffen hast, dass jeder seinen eigenen Weg gehen wird und das jeder – somit auch du – die Dinge auf seine eigene Art und Weise, auf seine individuelle Art und Weise regeln wird. Deine Selbstsicherheit wird sich durch Wabi-Sabi stärken und du wirst sehen, dass du dich nicht mehr so sehr davon abhängig machen wirst, was andere tun oder von dir erwarten. Du wirst einen selbstbewussteren, harmonischen Weg einschlagen, ganz im Einklang mit dir selbst sein und deine Zweifel links liegen lassen. Alles, was du tust, darf sich verändern, darf somit gebraucht werden und auch jene Spuren tragen, denn das bedeutet, dass sie ein Teil dieser vergänglichen Welt sind. Die Gegenstände, die du besitzt, müssen nicht mehr standardisiert und spiegelglatt sein, sie dürfen auch einen Makel oder einen Kratzer haben. Es ist in Ordnung, wenn sich die Art und Weise, wie du etwas tust, von allen anderen unterscheidet. Und auch du musst dich nicht durch Fitness- und Diätkurse quälen, um als „schön“ angesehen zu werden. Du kannst deine Vielfalt leben lassen. Auch wenn du nun erkannt hast, dass Perfektion deinem individuellen Ausdruck im Wege steht, heißt das nicht, dass du dich nicht mehr anstrengen solltest. In erster Linie heißt es, dass du auch mit nicht perfektem zufrieden sein darfst und dass du gnädig mit deiner eigenen Leistung sein darfst, du kannst nicht alles perfekt schaffen. Aber es heißt auch, dass es dein Ziel sein sollte, Dinge „gut“ und nicht „perfekt“ machen zu wollen, beziehungsweise Raum für Entwicklung zu lassen.Wabi-Sabi als Lebensprinzip zu übernehmen bedeutet, dass wir immer das sein werden, was wir sind und weniger, was wir glauben zu sein. Es geht also auch ganz klar darum, zu unterscheiden, welche Rolle wir übernommen haben, weil sie uns übergestülpt wurde und welche nicht. Wir müssen lernen uns von dem, was wir nur sind, weil wir denken, es sein zu müssen, zu trennen. Nur so können wir werden, wer wir wirklich sind und wer wir die gesamte Zeit über auch wirklich waren.

Resilienz und innere Stärke

Neben *Kodawari* und *Wabi-Sabi* ist auch *Kintsugi* ein wichtiger Begriff im Kontext eines von Spiritualität und *Ikigai* inspirierten Lebens. Denn, wenn wir von *Kintsugi* sprechen, sprechen wir von Resilienz und innerer Stärke. Wir sprechen davon, Zerbrochenes wiederaufzubauen, Scherben – im wahrsten Sinne des Wortes – wiederzusammenzusetzen. Denn so bedeutet *Kintsugi* etwas wie „Goldreparatur" und ist eine japanische Technik, um Keramik zu reparieren. Vielleicht kennst du bereits eine *Kintsugi*-Tasse. Es ist eine Tasse, die aus ihren Scherben wieder zusammengeklebt wurde oder ein Riss repariert wurde, allerdings wurde der Kleber mit goldenem Pulver versehen, sodass die Risse nicht etwa verdeckt sind, sondern gut sichtbar gemacht wurden. Wir können folglich genau sehen, an welchen Stellen die Tasse einen Sprung hatte, beziehungsweise zerbrochen ist. Aber anstatt sie deswegen zu entwerten und wegzuwerfen, wird sie mithilfe der *Kintsugi*-Technik aufgewertet. Eine zerbrochene Tasse wird repariert und das Besondere ist, dass sie danach besser aussieht als davor. Dieses Konzept kann natürlich nicht nur auf materielle Dinge angewendet werden, sondern auch auf den Menschen übertragen werden. So steckt hinter *Kintsugi* der Gedanke, dass Zerbrochenes, Angeschlagenes nicht aufgrund seines „Makels" herabgewürdigt werden soll, stattdessen kann man es wieder zusammenflicken und den Wert, die Individualität und die Schönheit der Dinge steigern. Das bedeutet für dich, dass du aus Schicksalsschlägen wachsen kannst, größer und stärker als je zuvor werden kannst. Betrachte deine Narben nicht als Makel, sondern als Teil deiner Geschichte, der den Zusammenhalt von Zerbrochenem, von Schicksalsschlägen unterstreicht. Nach Überwindung eines schwierigen, traurigen, mitreißenden Erlebnisses, kann es sein, dass du etwas dazu gewonnen hast, anstatt etwas verloren zu haben. *Kintsugi* kann uns helfen, mit unseren Fehlern bessern umzugehen, uns nicht dafür zu malträtieren, sondern aus ihnen zu lernen und sie als einen Teil von uns zu betrachten. In Bezug auf die Keramik möchte *Kintsugi* vermitteln, dass man aus etwas Altem, aus etwas Zerbrochenem, etwas Neues erschaffen kann, was wiederum dem ursprünglichen Gefäß sehr ähnlich sieht und doch anders ist. Die Kintsugi-Methode kann dir helfen, gescheiterte Projekte bei der Arbeit beispielsweise besser zu verkraften. Anstatt dich für dein Scheitern zu schämen, kannst du lernen, sie als Bestandteil deines Lebens zu sehen – denn das sind sie. Niederlagen sind ein Teil unseres Lebens und unsere Kraft besteht darin, aus ihnen zu lernen und an ihnen zu wachsen. Jeder Mensch geht anders mit Herausforderungen und Niederlagen um. Manche kommen sehr schnell wieder auf die Beine, andere haben große Probleme über bestimmte Dinge hinwegzukommen. So oder so regelt jeder Mensch das Aufstehen nach einer Niederlage anders und das ist unser *Kintsugi*. Das sind die einmaligen, unterschiedlichen, goldenen Ziernähte, die das zusammenflicken, was in Mitleidenschaft gezogen worden ist.

Wenn wir von Steh-auf-Personen sprechen, sprechen wir von Resilienz, denn sie ist es, die uns immer wieder aufstehen lässt. Die menschliche Resilienz ist der Motor der Menschen, der sie bei Rückschlägen, Missbrauch und Schicksalsschlägen am Leben zu hält, und ihnen hilft, die Dinge zu verarbeiten. Resilienz steht für unsere Widerstandsfähigkeit. Jene Kraft, die uns durchhalten lässt und es ermöglicht, uns von den Rückschlägen zu erholen, um wiederaufzustehen. Dies können wir an dieser Stelle hervorragend mit *Kintsugi* verbinden. Eine Tasse, die fällt und zerbricht, aber dann wieder zusammengestückelt wird und einzigartiger und schöner denn je vor uns steht, ist das Bild, was wir vor Augen haben sollten, wenn wir fallen. Wir wollen wieder auf die Beine kommen und gereifter aus der Sache herauskommen. Und gleichzeitig müssen wir unser Fallen, unseren Makel nicht verbergen. Wir können uns als die zeigen, die wir sind. Vielleicht ist dir bereits der Gedanke gekommen, dass *Kintsugi* und *Wabi-Sabi* eine Gemeinsamkeit haben: Das Schönheitsempfinden – und genauso ist es. Auch in der Philosophie von *Kintsugi* ist nicht das Makellose schön, dass wir wie Sand am Meer finden können, sondern das vom Leben Gezeichnete. Jenes gilt als schön, dass uns eine Geschichte zu erzählen hat, zerbrechlich und vergänglich ist.Die Konzeption von *Kintsugi* lädt dich ein, auch deine Fehler als einen Teil von dir zu betrachten, der dich formt und der dich individuell macht. Sie gehören zu dir und zeichnen dich auf eine Weise, die du schätzen lernen darfst. Denn letztendlich können wir sowieso nicht umhin Fehler zu machen, aber es liegt in unserer Macht zu entscheiden, wie wir mit ihnen umgehen möchten. Es geht weder darum, dein Leid und deine Fehler zu verleugnen noch sie in den Himmel zu loben. Ziel ist es, zum einen zu begreifen, dass Krisen und schwierige Situation zu unserem Leben dazugehören, sie sind ein Teil davon. Zum anderen, dass wir uns nicht dafür schämen müssen oder dem Gefühl der Ohnmacht hingeben müssen. Niemand sollte in den hinteren Reihen seines Lebens sitzen und traurig und leidend dabei zusehen müssen, wie alles den Bach hinunter geht. Stattdessen sollten wir lernen einzugreifen, um die Kraft zu finden, weiter zu machen, stärker zu werden, resilient zu sein. Hierfür ist es wichtig, dass du an dich glaubst, glaube an deine Stärke und an deine Fähigkeiten. Kommunikation und ein guter Kontakt zu anderen Menschen können dir ebenfalls enorm helfen, denn so musst du dein Problem nicht im Alleingang beheben. Wenn du mit einer vertrauten Person über deine zu lösende Angelegenheit sprichst, wird dir das insofern helfen, als dass du dich nicht einsam fühlst. Gleichzeitig kann das Reden bereits zur Lösung beitragen, da wir oft während des Redens merken, welche Aspekte wir behandeln müssen. Außerdem kann es natürlich auch gut sein, dass uns unsere Vertrauensperson einen guten Ratschlag geben oder uns konkret unterstützen kann. Eine gute Portion Optimismus und Realismus können dir die Lösungsfindung ebenfalls erleichtern. Denn mit der tiefen Überzeugung, dass sich die Dinge für dich zum Positiven wenden werden, wird es wesentlich leichter sein, durchzuhalten. Der Realismus hilft dir dabei, die Dinge möglichst gut einzuschätzen, was für die Problemlösung von enormer Bedeutung ist. Im Folgenden lernst du den Kintsugi-Prozess näher kennen, denn genauso wie eine Teetasse zu Boden fällt, zerbricht, geklebt und Bruchstellen betont werden, können wir das mit uns Lebenskrisen machen.

Schritt 1 – Zerbrechen

Kintsugi beginnt immer damit, dass etwas herunterfällt, und zerbricht und das geht oft schneller, als man denkt. Doch dieser Bruch bedeutet nicht automatisch das Ende! Vielmehr ist er ein wundervoller

Anfang – nämlich durch Kintsugi! Wir Menschen können ebenfalls nicht leben, ohne mal hinzufallen oder zu zerbrechen: Es geht hier also um einen völlig natürlichen Bestandteil des menschlichen Lebens.

„Zerbrechen" kann in unserem Leben für vieles stehen, so beispielsweise für eine schwere Erkrankung, die wir erleiden, den Tod eines geliebten Menschen, die Trennung vom Partner oder auch den Verlust des Arbeitsplatzes! Es geht also um eine tiefgehende Krise, die ein Mensch durchmacht. Dieser Bruch kann dabei sowohl eine seelische als auch eine körperliche Dimension haben. In vielen Fällen hat es beides und der Schaden kann mal größer und mal kleiner ausfallen. Vielleicht lief eine Situation ja mal glimpflich ab und es ist sozusagen nur ein sehr kleiner Teil der Teeschale abgesprungen, während das Gefäß im Allgemeinen noch ziemlich intakt aussieht. Man kann es also durchaus noch benutzen. Das würde einer kleineren Krise entsprechen, die uns immer wieder mal im Alltag begegnet.Ebenso kann es jedoch sein, dass es nicht so gut lief und die Schale über den gesamten Boden verteilt in Scherben liegt. Das wäre das Pendant zu einer tief greifenden und schweren Lebenskrise: Möglicherweise haben wir die Diagnose für eine lebensgefährliche Erkrankung erhalten oder unser Lebenspartner teilt uns nach 25 Jahren Ehe mit, dass er sich neu verliebt hat und eigene Wege beschreiten wird. Kintsugi lehrt uns, dass solche Vorkommnisse kein Weltuntergang sind. Die Teeschale – und auch wir selbst – mögen zwar in Scherben liegen, aber das ist kein unlösbares Problem! Durch Kintsugi kann die Schale wiederhergestellt werden und ebenso auch wir selbst! Wir werden noch schöner und heiler, ja sogar „ganzer" und vollkommener als zuvor.

Die Scherben betrachten – den Blick auf die momentane, schwierige Realität richten

Wenn wir einmal in eine Lebenskrise geraten sind, ist es eine sehr sinnvolle Idee, zunächst einmal nach den Scherben zu schauen. Es geht darum, in uns hineinzublicken und zu beobachten, welche Emotionen wir mit dieser Krise verbinden. Wenn uns beispielsweise die Stelle gekündigt wird oder uns die schreckliche Nachricht über den Tod eines nahestehenden, geliebten Menschen erreicht, dann erstarren wir zunächst einmal innerlich in einem Schreckmoment. In diesem Zustand fühlen und denken wir nichts Bestimmtes. Es ist ungefähr so, als wären unsere Gedanken und Emotionen für einen kurzen Augenblick erstarrt und eingefroren. Doch das geht rasch vorüber und dann strömen die Gefühle wahrlich wie eine Flut auf uns ein!

Eine solche Lebenskrise bringt die unterschiedlichsten Emotionen mit sich: Manchmal sind wir tieftraurig, manchmal fühlen wir einen großen Ärger gegenüber dem Schicksal. Einige Menschen fangen sogar an, sich selbst zu bemitleiden: „Warum muss immer mir so etwas Schreckliches passieren?"

In schlimmen Lebenskrisen stellt sich dann häufig ein Gefühl der Ohnmacht ein: Wir fühlen uns hilflos anderen Mächten oder Menschen ausgeliefert, die es wohl nicht gut mit uns meinen. Diese Hilflosigkeit und Ohnmacht führen dann zur Verzweiflung und zur Resignation. Wir versinken in einer Depression und verlieren den Lebensmut.Auf den ersten Blick wirkt eine Krise so, als gäbe es kein Entkommen vor diesen belastenden und schweren Emotionen. Doch das ist eine Falschannahme. Wir können zwar nichts gegen die Existenz dunkler Emotionen tun, doch trotz des Schmerzes können wir mit der richtigen Einstellung an sie herangehen. Auch wenn wir fallen oder zerbrechen, auch wenn wir uns in einer Situation wiederfinden, die für uns existenziell bedrohend oder katastrophal zu sein scheint: Wir haben immer die Wahl, mit welcher inneren Einstellung wir einer Krise begegnen. Egal wie widrig die Umstände auch sein mögen – unsere innere Freiheit bleibt immer erhalten.

Doch was heißt das genau? In erster Linie bedeutet das, dass wir unsere Lage akzeptieren. Die eigene Situation zu verleugnen, bringt hingegen nichts, denn umso länger dauert es, bis du einen Ausweg aus der Problemlage findest.

Erste Säule der Resilienz: Akzeptanz

> Die Krise als solche zu akzeptieren ermöglicht dir, sie gezielt anzugehen. Alles andere würde einem Ausweichen oder Aufschieben gleichen. Doch dadurch taucht die Krise (wenn auch in leicht veränderter Form) wieder auf. Es gilt also, Akzeptanz als Grundstein der Lösung zu legen.

Natürlich bedeutet eine schwere Krise auch eine Schwäche, doch lasse diese ruhig zu! Gestehe dir selbst eine momentane Schwäche ein und übernehme dafür die Verantwortung. Nur so hast du die Zukunft in der Hand. Wenn du die Krise hingegen auf äußere Umstände schiebst, gibst du die Macht darüber ab.

Zweite & dritte Säule der Resilienz: Verantwortung übernehmen & Opferrolle verlassen

> Mache dich selbst für die Krise verantwortlich. So übernimmst du die Verantwortung für die Krise und kannst mit dieser transformierenden Macht auch etwas für die Zukunft ändern. In diesem Zusammenhang steht die dritte Säule der Resilienz, bei der es um das Verlassen der Opferrolle geht. Du solltest dich also nicht als passiven Spielball der äußeren Umstände (andere Personen etc.) sehen, sondern als aktiven Gestalter deiner äußeren Umstände.

Habe aber trotzdem Mitgefühl mit dir selbst: Die richtige Einstellung gegenüber sich selbst ist von entscheidender Bedeutung, um eine Krise leichter akzeptieren zu können. Daher solltest auch nicht zu hart mit dir selbst ins Gericht gehen und dich mit Vorwürfen bedecken. In diesen Fällen lohnt es, sich ins Gedächtnis zu rufen, dass man in der Vergangenheit so und so gehandelt hat, weil man es für richtig gehalten hat. Der Spruch ist alt, aber wahr: Irren ist menschlich. Es geht also darum, Verständnis für die eigenen, vergangenen Handlungen aufzubringen, aber gleichzeitig die Verantwortung zu übernehmen, es nun besser zu machen. Gehe mit dir selbst so um, wie du mit einem sehr guten Freund umgehen würdest, das heißt, warmherzig, liebevoll, mitfühlend, sorgend und rücksichtsvoll. Es klingt paradox, doch es ist exakt so: Wir Menschen gehen mit uns selbst härter um als mit anderen! Doch das ist total sinnlos, denn eine Krise ist auch immer eine Gelegenheit, um sich selbst in Selbstmitgefühl zu üben!

Die Scherben aufsammeln

Es fällt uns oftmals schwer, an die eigene Heilung oder einen guten Ausweg zu glauben. Selbst wenn wir den Schock oder die negativen Emotionen einer Krise akzeptiert haben, fühlen wir uns noch immer kraft-, orientierungs- und hoffnungslos. Wir müssen Mut schöpfen und uns selbst Hoffnung machen. Doch wie kann uns das gelingen?

Ein sehr guter Weg ist, sich bewusst zu werden, dass das nicht unsere erste Lebenskrise ist. Wir sind im bisherigen Leben schon durch so viele Krisen gegangen – kleinere und größere und haben diese auch überlebt. Hatten nicht auch frühere Krisen positive Aspekte? Als wir mittendrin steckten, sind uns diese positiven Aspekte unter Umständen gar nicht aufgefallen, doch wenn wir heute zurückblicken, können wir sie sehen. Möglicherweise haben sich bereits unsere Werte verschoben durch eine Erkrankung. Wir haben begonnen, uns zu fragen, was wirklich wichtig im Leben ist. Möglicherweise verbringen wir nun mehr Zeit mit der Familie und den Freunden. Die Krise war schwer, doch wir sind daran gewachsen und haben eine innere Stärke entwickelt. Diese gilt es nun zu entdecken und für die aktuelle Krise zu nutzen!

Krisen prägen uns und sie schenken uns immer wieder neue Erkenntnisse. Denke immer daran, dass du diese Erkenntnisse ohne die herausfordernden Lebenslagen vermutlich nie hättest gewinnen können. Du musst sie durchstehen, denn in diesen schweren Zeiten lernst du dich selbst besser kennen, reifst und wirst immer stärker! Mit Kintsugi sind wir uns von Anfang an bewusst, dass wir unser Zerbrechen und unser Fallen dazu verwenden können, um uns zu einer neuen, heileren und vollkommeneren Form zusammenzusetzen! Diese Form ist nicht einfach nur schöner, sondern sie ist – sofern wir die Lebenskrise als

Anlass zur reflektieren Neuorientierung nutzen – auch näher an unserem persönlichen Ikigai.

Für deinen Alltag: Die positiven Aspekte von Krisen

Das oberste Lebensziel ist die Glückseligkeit durch gelungene Lebensführung im Einklang mit deinem Ikigai. Diese gelungene Lebensführung kannst du erreichen, wenn du im Einklang mit der Natur lebst, denn dies löst ein tiefes Grundvertrauen in die Richtigkeit von allen Geschehnissen aus. Alle Vorgänge folgen einem universellen Plan, folgen dem Fluss des Lebens, wie in der Natur auch, und daher wird auch dein Leben im Großen und Ganzen stets Sinn ergeben. Wenn du dich auf diese Ansicht einlässt, wirst auch du Krisen gelassener hinnehmen können. Du weißt, dass sich das Puzzle fügen wird. Auch wenn du mit dem aktuellen Puzzleteil unzufrieden bist: Zum Schluss gehört es zum vollendeten Puzzle dazu und ergibt einen Sinn. Denke einmal zurück, an frühere schwere Zeiten, die du einmal überstanden hast, und versuche, die positiven Aspekte dieser Situationen zu entdecken:

- Was hast du durch die Krise gelernt?
- Wie bist du innerlich an dieser schweren Lebenslage gewachsen?
- Welche positiven Veränderungen haben sich im Nachhinein ergeben?

Vieles davon kann zu einem kostbaren Schatz werden:

- Beziehungen zu anderen Mitmenschen werden bedeutsamer.
- Du achtest mehr auf die Gesundheit.
- Du gehst gelassener mit dir selbst und mit anderen Mitmenschen um.
- Du lernst, das Leben mehr wertzuschätzen.
- Du erkennst die eigenen Bedürfnisse als wichtiger an.
- Du regst dich sich weniger über Kleinigkeiten auf.
- Du wirst dir mehr und mehr deiner inneren Stärke bewusst.
- Du entdeckst die eigene Spiritualität.

Vierte Säule der Resilienz: Optimismus

> Optimismus bedeutet, der tiefen Überzeugung zu sein, dass die Krise langfristig positive Auswirkungen auf das eigene Leben haben wird. Diese Einstellung ermöglicht, seine eigenen Ressourcen zu mobilisieren.

Entwickle deine Vision

Auch wir selbst brauchen eine Vision, wenn wir uns neu zusammenfügen und heilen möchten. Wir benötigen ein Bild, nach dem wir uns richten können. Die Vision ist das Ziel der Visionssuche: Ein Bild, das uns den eigenen Platz in der Welt und unsere Aufgabe darin vor Augen führt. Die Vision ist wie ein Leitstern für die Fahrt durch das Leben. Solange wir unseren Kurs auf sie ausrichten, können wir beruhigt sein, dass wir uns auch immer mehr unserer Vision annähern. Jeder Mensch ist einmalig und einzigartig und so hat auch jeder seine ganz eigenen Visionen. Die Vision fürs Leben ist dein persönliches Ikigai, dass du mit den in Kapitel 5 beschriebenen Techniken aufspüren kannst. Doch schließlich gibt es auch kleinere Krisen, die sich nicht unbedingt auf dein Leben als Ganzes beziehen. Vielleicht ist auch nur das lang ersehnte Wochenende mit Freunden am See wegen strömendem Regen ins Wasser gefallen, der versprochene Geburtstagskuchen für deine Freundin missraten oder ein Projekt auf der Arbeit (vorerst) schief gegangen. Hier gilt es dann, einen Alternativ-Plan zu schmieden.

Fünfte Säule der Resilienz: Zukunft gestalten bzw. Plan entwickeln

> Ein klares Bild für den Sollzustand – also eine Vision – ist die Grundlage, den negativen Istzustand möglichst schnell zu beseitigen und positiv zu transformieren. Frage dich einfach: Wie soll der von der Krise betroffene Sachverhalt aussehen? Fall es sich um eine größere Lebenskrise handelt, kann dir dein Ikigai – deine Lebensvision – Hilfestellung leisten.

Dein Ikigai als Lebensvision bei der Krisenbewältigung

Der Weg zum nächsthöheren Berg führt immer durch ein Tal.

Wenn es sich um eine größere Lebenskrise handelt, benötigst du ein Warum, um mit dem Zusammensetzen der Scherben zu beginnen. Beginnst du damit, die Bruchstücke für dich oder für deine Kinder, für die du da sein willst, aufzusammeln? Triffst du die Entscheidung, die Stücke wieder zusammenzuführen wegen des Menschen, der du früher warst oder wegen des Menschen, der du sein kannst? Im Grunde genommen bekommt gerade im Zusammenhang der Krisenbewältigung dein Ikigai eine ganz besondere Bedeutung. Gerade in Krisen ist es der beständige Motivator, um wieder aufzustehen. Genau darin liegt ein großer Teil des Lebensglücks: Seinen Kurs weiterverfolgen, auch wenn es mal nicht so gut läuft. Sind wir mal ehrlich: Ein lineares Leben ohne jegliche Höhen und Tiefen ist so langweilig wie ein Essen, dass nur eine Geschmacksrichtung beinhaltet. Wenn du gerne kochst und dich mit verschiedenen Aromen und ihrer Kombination beschäftigst, wirst du wissen, dass ein gutes Gericht verschiedene Geschmackskomponenten zu einem genuss- und reizvollen Gesamtbild verbindet. Die Japaner beschreiben diese Anforderung an ein gelungenes Mahl als „Go mi" (fünf Geschmäcker): süß, sauer, salzig, bitter und herzhaft (auch Umami genannt). Genauso ist es im Leben: Erst ein Auf und Ab macht es zu einer lebenswerten, reizvollen Angelegenheit. Kein Gewässer auf dieser Welt ist spiegelglatt. Es gibt immer Wellen, die jeweils einen Tiefpunkt und einen Höhepunkt haben. An manchen Orten oder Witterungslagen sind die Wellen kleiner und manchmal größer. Genauso sind die Krisen in unserem Leben manchmal kleiner und größer. Es ist aber ein Naturgesetz, dass es Wellen und damit Hochs und Tiefs gibt. Die Stoiker prägten den Ausdruck „secundum naturam vivere" (im Einklang mit der eigenen Natur leben). Für sie war dieser Grundsatz der Schlüssel zu einem glücklichen Leben. Folge also dem Naturgesetz, das es immer Höhen und Tiefen gibt, lebe somit im Einklang mit der Natur und lebe glücklich.Welche Motivation dich in der Krise antreibt, ist zunächst einmal egal. Das Wichtige ist, dass du die Kraft aus deinem Ikigai – deiner Vision – findest, mit dem Wiederaufbau zu beginnen. Diese schöpfst du aus einer simplen Frage: Warum stehe ich morgens auf? Jeder hat sein

Ikigai. Selbst jemand, der gerade in einem Neuanfang steckt und davon noch gar nicht so viel weiß. Nur die Suche nach dem eigenen Ikigai kann zur Selbstverwirklichung führen. Wer im Einklang mit sich selbst steht, dessen Leben bekommt einen Sinn. Unser Leben besteht oft aus äußerem Schein, Besitz und Ansehen. Dieses Scheinleben kann schnell in sich zusammenstürzen. Natürlich ist es in einer Krise nicht leicht, den Lebenssinn zu suchen oder daran zu glauben, dass man seine Vision noch erreichen kann. Dieser Zustand kann vieles verfälschen. Du bist durcheinander und beunruhigt. Deine Reaktionen sind in dieser Zeit oft impulsiv und dein Denken ist vernebelt. Das ist auch kein Wunder, schließlich leidet man in diesem Moment. Bestimmte Prinzipien und Werte haben sich als untauglich erwiesen. Man ist enttäuscht und verletzt und will, dass der Zustand des Leidens schnellstmöglich endet. Mit deinem eigenen Ikigai erkennst du, was deinem Leben Bedeutung verleiht. Was kannst du also korrekt tun, um in Zeiten der Krise den ganzen Negativ-Nebel vor deinen Augen zu beseitigen und wieder klaren Blick auf deine Vision zu bekommen? Der Weg dahin führt über dein Selbst und das findest du in der Stille. Ist dir mal aufgefallen, wie viel Lärm dich umgibt? Stille zu ertragen fällt tatsächlich heutzutage vielen Menschen immer schwerer. Lärm dient als Unterhaltung und als Flucht vor der Stille. Stille macht Angst.

Um die Stille hingegen genießen zu können, solltest auf den Zuruf hören, den dein Körper dir sendet. Wandere einmal durch den Wald ohne Kopfhörer im Ohr. Suche den Kontakt zu der Stille und gehe dir nicht selbst aus dem Weg. Dein Ikigai ist das Warum, das du in der Krise benötigst. Es ist der Grund, die vielen Stücke aufzulesen, welche in dir zerbrochen sind und diese besser als vorher wieder zusammenzufügen. Auch wenn du leidest, dein Herz gebrochen wurde, oder dein Leben aktuell düster und traurig erscheint: Du hast die Überzeugung für eine bessere Zukunft und das wird dich motivieren, deine Bruchstücke aufzusammeln und die notwendigen Schritte, den Prozess der Heilung einzuleiten.Bevor wir mit Schritt 2 des Kintsugi fortfahren, noch eine kleine „Rückblende“ auf den Anfang von Schritt 1. Hier ist es eine lohnenswerte Betrachtung, ob die „Krise“ überhaupt eine echte Krise darstellt oder eigentlich nur ein kleines Alltagsproblem ist, in das wir uns einfach zu sehr mit Negativität verstrickt haben. Wie kannst du in dieser

Situation den Blick wieder auf das große Ganze heben? Folgende Meditation hilft dabei.

Mache dir bewusst: Alles ist einem ewigen Kreislauf der Dinge unterworfen. Alle Vorgänge im Kosmos wiederholen sich andauernd. Die Bewegungen der Erde und ihrer Gestirne wiederholen sich immer wieder. Menschen werden geboren und sterben. Völker entstehen und gehen wieder als Mysterium unter. Die Wirtschaft erlebt einen Aufschwung und auch wieder einen Abschwung. Auf Sommer folgt Winter. Sicher weißt du rational, was mit diesem Kreislauf gemeint ist. Doch wenn du eine Ebene tiefer das Prinzip des Kreislaufes und deinen Platz in ihm verstehen möchtest, genieße folgende Übung:

Du benötigst im Herbst gegen Jahresende einen Abend mit wolkenlosem Himmel und die genaue Uhrzeit, wann der Mond aufgeht. Nimm dir zu dieser Zeit 2 Minuten, um den Aufgang des Mondes zu beobachten. Der Mond schiebt sich so schnell hinter dem Horizont hervor, dass du seine Bewegung richtig sehen kannst. Stelle dir dabei den Erdball vor, wie er sich dreht, sowie den Mond, der sich um den Erdball dreht. Dieses ganze Spiel geht seit Jahrtausenden so. Vielleicht nimmst du dir die Zeit, dieses Naturphänomen einmal bewusst und achtsam wahrzunehmen. Du wirst sehen, dass aus deinem rationalen Wissen über die natürlichen Kreisläufe eine tiefe Erkenntnis wird. Du wirst staunen, wie viel gelassener du dadurch wirst und du deine Alltagsprobleme aus einer ganz anderen Distanz und mit einer anderen Wertigkeit betrachtest, wenn du die übergeordneten Systeme unsere Natur so eindrucksvoll gesehen hast. Wie klein wir und unsere Probleme und Krisen dann wirken!

Schritt 2 _ Kleben

Im Kleben liegt eine sehr große Kraft, denn durch diesen Vorgang kann voneinander getrenntes dauerhaft wieder miteinander verbunden werden. So wird aus einem Scherbenhaufen mit Arbeit und Mühe wieder eine vollständige Form oder Figur. Kintsugi nutzt diese Magie des

Klebens, um kaputten Dingen neues Leben einzuhauchen. Auch wir heilen, in dem wir uns immer wieder neu zusammenfügen. Doch wie müssen die einzelnen Dinge im Leben zusammengefügt werden, damit wieder ein harmonisches Ganzes entsteht?

Das Ziel ist, sich selbst in einer vollkommeneren, einer stimmigeren Form aufzubauen, damit man sich noch wohler fühlt als zuvor. Wenn wir uns quasi aus den Scherben neu zusammenpuzzeln, haben wir die Chance, das Chaos in uns aufzuräumen und somit eine höhere Einheit zu erreichen.

Sechste Säule der Resilienz: Orientierung auf die Lösung

> Wer sich auf die negative Seite eines Problems konzentriert, macht es nur größer. Die Kunst liegt darin, nicht emotional im Problem zu versinken, sondern nur etwa 10 % zur sachlichen Analyse des Problems aufzuwenden. Im Anschluss zahlt es sich aus, wenn du dich in den Lösungsraum des Problems begibst. Die zentrale Frage, die man sich dabei stellen solle, lautet: Was kann ich jetzt konkret tun, damit ich Zustand xy, den ich zuvor geplant habe, möglichst schnell erreiche? Wer oder was kann mich dabei unterstützen? Jedes Mal, wenn du dich dabei überfordert fühlst, versuche zu verstehen, dass die Möglichkeiten in der Gegenwart vielfältig sind. Damit schließt du nicht von vorneherein etwas aus, sondern erkennst vielmehr deine eigenen Fähigkeiten an und wie vielfältig du sie in der momentanen Situation einsetzen kannst.

Schritt 3 _ Ruhen

Alles hat seine Zeit: Es gibt eine Zeit, um tatkräftig und aktiv zu sein, und ebenso auch eine Zeit zum Regenerieren, zum Ruhen und Entspannen. Die Scherben sind geklebt und somit ist erst einmal ausruhen und erholen angesagt. Dieser Schritt im Kintsugi zeigt uns, wie wichtig es ist, sich auch mal Pausen und Auszeiten zum Durchatmen zu, um still zu werden. Gönne dir daher eine Atempause, um deine Selbstwirksamkeit in der vergangenen Krise bewusst wahrzunehmen!

Der heutige moderne Alltag ist von einer ausgeprägten Hektik, übermäßigem Stress und einer echten Zeitnot geprägt. Viel zu rasch bekommt man das Gefühl, dass man dem eigenen Leben hinterherrennt und dabei das eigentlich Wichtige verpasst. Doch damit sollte ein für alle Mal Schluss sein! Denn jetzt geht es darum, sich wie die Teeschale beim Austrocknen nach dem Kleben eine Auszeit zu nehmen!

Wann hast du dir eigentlich das letzte Mal Zeit für dich genommen?

Hier geht es vor allem um eine Balance. Grundsätzlich ist es nicht falsch, sich zum Beispiel im Beruflichen voll einzubringen und damit auch mal an seine Grenzen zu gehen – physisch und auch psychisch. Zumindest, wenn es bei der Arbeit darum geht, seinem Ikigai zu folgen. Problematisch wird es nur dann, wenn man nicht auf seine Balance achtet und vergisst, dass man auch wieder Zeit braucht, um durch innere Ruhe Kraft zu schöpfen. Nur durch Auszeiten können wir wieder zu Kräften kommen, still werden und unsere Batterien für die nächste Runde aufladen. Wer auf seine Bedürfnisse achtet, sich selbst und sein Wohlbefinden respektiert, geht mit einem Selbstbild durchs Leben, das geprägt ist von eigener Wertschätzung, Achtung sowie einem liebevollen Mitgefühl.

Doch wie viel Zeit brauchen wir in kompletter Ruhe und in welcher Form sollte man sich diese am besten nehmen? Wie viel Zeit man für sich selbst braucht, ist von Mensch zu Mensch unterschiedlich. Generell kann man sagen, dass sensible und introvertierte Menschen mehr Zeit für sich benötigen als andere. Sie brauchen die Auszeiten zum Beispiel dringend, um all die Eindrücke des Alltags zu sortieren.

In diesem Zusammenhang ist noch ein weiterer Begriff entscheidend: Bewegung! Aktivität und Bewegung aktivieren den Geist und auch den Körper. Gerade wer viel in sitzender Position arbeitet, braucht zwischendurch kleine Gänge – sei es zum Postkasten, zum Kollegen nebenan oder zum Kopierer auf dem Flur. Integriere unbedingt kleine Auszeiten in deinen Berufsalltag. Fülle diese Pausen und Auszeiten unbedingt mit Dingen, die dir Freude machen und dein Leben mit Sinn erfüllen. Es sollten Dinge sein, die dich bereichern und aus denen du Kraft schöpfen kannst. Du kennst dich selbst am allerbesten und weißt, welche Bedürfnisse du hast.

In diesem Kintsugi-Schritt geht es also wesentlich darum, loszulassen. Dieser Schritt vermittelt uns, wie wichtig es ist, die Dinge im richtigen Augenblick gut sein zu lassen. Vertrauen und auch Loslassen sind zentrale Fähigkeiten auf dem Weg zur inneren Heilung. Sehr vielen Menschen fällt jedoch genau das alles andere als leicht. Nur zu gern beißen wir uns in Dinge fest und lassen die Gedanken Tag und Nacht darum kreisen.Wir können stattdessen die Gedanken, mit denen wir uns normalerweise völlig identifizieren, als das erkennen, was sie sind, nämlich einfach nur Gedanken. Sie sind zwar in unserem Kopf, aber wir sind nicht unsere Gedanken. Sie sind nur Besucher auf Zeit, die schnell kommen und schnell gehen. Wenn wir durch Achtsamkeit nicht an unseren Gedanken anhaften, dann fällt es leicht, loszulassen und sich trotz einer Krise mit negativen Gedanken innere Ruhe zu gönnen.

Schritt 4 – Vergolden

Das Vergolden ist der letzte und krönende Schritt von Kintsugi. Dieser Schritt zeigt uns die Bedeutung der Liebe und der Freude in unserem Leben. Sie lassen uns aufleuchten wie das Gold beim Kintsugi.

Entdecke das Schöne in dir und liebe es

Das Vergolden inspiriert uns dazu, dass wir uns selbst einschließlich des Schadens, den wir genommen haben, auffällig betonen. Gold ist das wertvollste, schönste und reinste Metall überhaupt. Es ist sozusagen königlich: Herrscher schmückten sich damit, um ihren Reichtum auszudrücken, und sein Gelb symbolisierte auch das Gelb der Sonne.

Übertragen wir diese Bedeutung des Goldes auf uns selbst, erkennen wir: Es geht darum, sich selbst zu lieben, aufzublühen und das Geschenk des Lebens in einer angemessenen Art und Weise auszudrücken. Indem wir uns selbst mit Liebe begegnen, heilen wir uns und erfüllen unser Sein mit Sinn, mit Lebensfreude und letztendlich mit Glück. Wir erkennen, dass unsere Wunden nichts sind, wofür wir uns schämen müssten, nichts, was uns hässlich oder minderwertig macht. Sie sind ein Teil von uns. Sie sind enorm wichtig, weil wir durch sie zu der Persönlichkeit werden, die wir heute sind.

Vergolde deine Bruchlinien

Wie die Bruchlinien der Teeschale geben unsere Bruchlinien Zeugnis von unserer eigenen Geschichte ab. Denn jeder hat seine körperlichen und seelischen blauen Flecken und Brüche. Unsere Wunden machen uns einzigartig, wie auch die Teeschale durch ihr Zerbrechen einzigartig wurde. Gleichzeitig verbinden sie uns, denn wir alle haben sie. Jetzt ist der Zeitpunkt gekommen, unsere Wunden zu vergolden, indem wir sie als einen äußerst bedeutsamen Teil von uns anerkennen.

Das Gold von Kintsugi ist die Belohnung für die gemeisterte Herausforderung. Zudem zeigt es die Liebe für die eigene Teeschale. Vielen Menschen fällt es sehr schwer, sich selbst mit Liebe zu begegnen. Dazu muss man sich so annehmen können, wie man ist – mit all seinen Makeln, Fehlern und Gebrechen. Willst du es also probieren? Dich so anzunehmen, wie du bist – ja sogar stolz darauf sein? Sicher bist du nicht perfekt, aber wer ist das schon? Das Gold vom Kintsugi zeigt, dass du es dir trotzdem wert warst, die Scherben aufzulesen, mühsam zu kleben und zu einer reiferen Person von dir selbst wieder zusammenzusetzen.

Wenn wir uns selbst und unser Leben betrachten, dann nehmen wir häufig vor allem die negativen Dinge wahr: Das, was schiefgelaufen ist, unsere Misserfolge, die kleinen und großen Niederlagen des Alltags. An uns selbst sehen wir das, was uns nicht gefällt: Dass wir zu dick sind, zu dünn, unsere Nase zu groß oder unsere Ohren zu klein. Kurz: Wir neigen zu übermäßiger Selbstkritik.Schnell beginnen wir uns die Frage zu stellen, was wir eigentlich falsch machen? Warum ist unser Leben nicht so toll? Stimmt irgendetwas nicht mit mir? Wenn es darum geht, verschiedene Brillen aufzusetzen und uns dadurch verzerrt zu sehen, sind wir alle Meister. Oft sehen wir uns selbst durch die Kritikbrille. Dann erscheinen wir uns voller Makel, minderwertig und nicht gut genug. Manchmal tragen wir auch die Vergleichsbrille. Dann schauen wir, was andere haben und wir nicht. Aber auch die Selbstüberschätzungsbrille scheuen wir nicht: Sie gibt uns zwar einen Ausgleich für die anderen Brillen. Doch dieser Ausgleich ist nur künstlicher Natur und wir wissen unbewusst, dass wir uns belügen. Diese drei Brillen sind also ein sicherer Weg, um sich blitzschnell unglücklich zu machen und unzufrieden zu werden. Beginne heute damit, alle Brillen abzusetzen oder Dir zumindest bewusst zu sein, wenn du dich durch eine der Brillen siehst.

Poliere das Gold und lebe Wertschätzung und Liebe

Wie können auch wir uns „polieren", sodass wir vor Liebe und Mitgefühl aufleuchten? Dass die Liebe das Zentrum des Lebens ausmacht, steht für viele Menschen außer Frage. Die Liebe macht das Leben erst richtig kostbar. Dass es schöner ist, mit Liebe im Herzen für sich und andere durchs Leben zu gehen als ohne, versteht sich ohnehin von selbst. Denn wer Liebe im Herzen trägt, ist reich. Er fühlt sich gut – und das relativ unabhängig von den äußeren Gegebenheiten.

Wir alle sitzen im selben Boot, werden irgendwann geboren, leben eine Weile und sterben dann. Wir sehen zwar unterschiedlich aus, haben verschiedene Haut- und Haarfarben, sind mal größer und mal kleiner, mal männlich und mal weiblich, mal dick und mal dünn und gehen unterschiedlichen Tätigkeiten nach, doch wir alle sind auf derselben Reise durch unser Leben. Diese beinhaltet Höhen und Tiefen: Mal geht es steil hinauf und wir fühlen uns als Könige der Welt. Doch im nächsten Augenblick geht es schon wieder abwärts und wir finden uns im modrig-feuchten Gefühlskeller wieder. Und natürlich bekommen wir auch jede Menge Schrammen auf unserer Reise ab.

Bei Kintsugi geht es um genau diese Schrammen, die wir alle haben. Und darum, was wir aus ihnen machen, wie wir mit ihnen leben. Mit Kintsugi umarmen wir unsere eigene Fehlerhaftigkeit, unsere Nicht-Perfektion, indem wir sie akzeptieren und als im tiefsten Inneren zu uns gehörig erkennen. Wir sehen, dass es gerade unsere Makel sind, die uns eine ganz eigene Qualität der Schönheit und der Menschlichkeit schenken. Diese von Kintsugi geprägte Sichtweise können wir nicht nur auf uns anwenden, sondern auch auf unsere Mitmenschen. Sie sind genauso wie wir, haben allerlei Makel, der eine mehr, der andere weniger. Statt sie für ihre Fehlerhaftigkeit zu verurteilen, können uns gerade ihre Makel einen Weg zeigen, um ihnen mit Akzeptanz, Mitgefühl und Liebe zu begegnen. Denn auch unsere Mitmenschen haben sich im Laufe ihres Lebens allerlei Schrammen eingefangen, haben Schmerzen in verschiedenster Form erlitten und die Dunkelheit kennengelernt. Genauso wie wir waren sie traurig, verzweifelt, depressiv und hatten dunkle, schmerzvolle Gedanken. Seinen Mitmenschen mit Mitgefühl und Liebe zu begegnen, drückt eine grundlegende Wahrheit aus: Wir alle sind im Kern gleich.

Im Alltag sind wir häufig weit davon entfernt, unseren Mitmenschen mit Mitgefühl und Liebe zu begegnen: zu viel Stress, zu viel Hektik und zu viel Anonymität. Und wieso sollten wir überhaupt jemandem liebevoll begegnen, wenn wir ihn nicht mal kennen? Generell machen wir unser Verhalten davon abhängig, wie wir zu jemandem stehen: Menschen gegenüber, die wir mögen und die uns nahestehen, verhalten wir uns akzeptierend und unterstützend. Wir hören ihnen zu, helfen ihnen und sind da für sie. Wir wollen, dass sie glücklich sind. Diese positive Einstellung nimmt immer weiter ab, je fremder uns jemand ist. Beim Sitznachbarn im Zug oder der Kassiererin im Supermarkt ist uns schon relativ egal, wie es ihnen geht. Fremden Menschen gegenüber ist unsere Einstellung generell eher indifferent. Wir gehen an ihnen vorbei und denken uns: „Was geht mich diese Person an?"

Gelegentlich tut es aber einfach gut, allen Menschen mit demselben Maß an Mitgefühl und Liebe zu begegnen. Indem wir alle gleich behandeln, drücken wir in unserer Einstellung und unserem Verhalten die Wahrheit aus, dass wir im Kern tatsächlich alle gleich sind. Wenn wir uns selbst und anderen Menschen mit Liebe begegnen, zeigen wir ihnen vor allem, dass sie trotz Fehler und vergangenen Krisen (beziehungsweise gerade deswegen!) etwas Wertvolles haben, für das es sich mehr zu leben lohnt, als es bei einem linearen Leben ohne Auf und Ab wäre. Wir polieren sozusagen die Vergoldung der Bruchstellen nach einer Krise.

Tipp für deinen Alltag – Verbreite Liebe

Nimm dir hierzu am Morgen bewusst vor, an diesem Tag ein wenig Liebe in die Welt zu bringen. Und zwar durch die denkbar einfachste aller Methoden: Allen Menschen, die dir über den Weg laufen, begegnest du mit derselben positiven Einstellung, demselben Maß an Akzeptanz, mit Mitgefühl und Liebe. Sage dir selbst: „Heute sind mir alle Menschen willkommen." Rufe dir ins Gedächtnis, das kein Mensch mit der Absicht auf diese Welt gekommen ist, Böses zu tun.

Was bedeutet dieser letzte Schritt im Kintsugi nun für uns? Er führt uns die Bedeutung der Freude im Leben vor Augen. Wenn wir mit Kintsugi unsere Wunden heilen, läuft auch das am Ende auf die Freude hinaus. So wie die reparierte Teeschale mit Freude wiederverwendet werden möchte, liegt es an uns, zu leben und uns am Leben zu erfreuen. Wir sollten uns an uns selbst erfreuen, an dem, wer wir sind und wie wir sind. An dem, was wir an Schwierigkeiten und Krisen durchgemacht haben und wie wir diese Stolpersteine nutzen, um an ihnen zu wachsen und uns zu entwickeln. Nicht zuletzt sollten wir uns darüber freuen, dass wir existieren. Am Leben zu sein ist ein großes Geschenk und überhaupt nicht selbstverständlich. Kintsugi zeigt uns den Wert des Lebens, indem es etwas Zerbrochenes wieder zusammenfügt, ihm also neues Leben schenkt.

Dieses Geschenk des Lebens ist jedoch auch mit einer Aufgabe verbunden, nämlich tatsächlich zu leben und keine Minute zu verschwenden, sondern das Leben in all seiner Fülle und allem, was es an Wunderbarem zu bieten hatte, auszukosten. Es ist unsere Aufgabe, das Leben nicht zu verschwenden, sondern mit Sinn, Schönheit, Freude und Liebe zu füllen. Wenn dabei etwas kaputtgehen sollte, ist das kein Problem. Kintsugi zeigt uns, dass Scherben nicht das Ende sind. Sooft wir auch fallen und zerbrechen sollten, wir können uns jedes Mal aufs Neue wieder zusammensetzen und kommen uns dabei ein kleines Stück näher. Mit jedem Mal lernen wir ein bisschen mehr über uns, über das, was wir wirklich wollen, und das, was wir wirklich brauchen. Jedes Zerbrechen kannst du also als Anlass zur Reflexion nutzen: Was hat nicht meinem persönlichen Ikigai entsprochen? Der Alltag steckt voller Gelegenheiten, die uns große und kleine Anlässe zur Freude bieten. Die Kunst liegt darin, die kleinen Gelegenheiten zur Freude zu entdecken und zu ergreifen. Denn diese sind viel häufiger anzutreffen, so zum Beispiel eine flüchtige Begegnung mit einem netten Kollegen, ein traumhaft schöner Sonnenuntergang, ein Kochabend mit Freunden oder einfach eine herrlich blühende Rose im Garten! Warum nicht diese „kleinen" Dinge zu wahrlich großen Freuden des Lebens machen? Ob eine Freude „groß" oder „klein" ist, hängt davon ab, welchen Wert du selbst für dich daraus ziehst.

Kintsugi ruft uns mit aller Kraft zu, uns bewusst für die Freude zu entscheiden. Für das Vertrauen in uns und das Wissen, dass die Dinge gut ausgehen werden, egal wie düster es auch im Moment aussehen mag. Die goldene Pracht, die am Ende von Kintsugi steht, ist eine liebevolle Aufforderung an uns, ebenso zu glänzen, Liebe zu verbreiten und Freude zu empfinden. Packen wir also die Gelegenheit beim Schopf und stürzen wir uns mutig in das Abenteuer des Seins. Vor Scherben brauchen wir uns dabei nicht zu fürchten. Denn Scherben bringen Glück. Öffne dich also der Freude!

KAPITEL 5:

Wie du dein Ikigai finden kannst

Im letzten und vermutlich auch wichtigsten Teil des Buches, widmen wir uns nun der Aufgabe, Methoden aufzudecken, die dir ermöglichen, dein persönliches *Ikigai* zu finden und ein von *Ikigai* inspiriertes Leben zu führen. Wichtig ist, an dieser Stelle zu betonen, dass du dir die Zeit nehmen solltest, die du eben brauchst, und das kann unterschiedlich lang sein, je nachdem an welchem Punkt deines Lebens du zurzeit stehst. Welche Kapazitäten dir zur Verfügung stehen, spielt ebenfalls eine wichtige Rolle. Setze dich also nicht unter Druck, sondern achte auf dich und deine Möglichkeiten. Wie wir bereits gesehen haben, meint *Ikigai* nicht „nur" einen einfachen Glaubenssatz, sondern umfasst eine gesamte Philosophie, die viele, unterschiedliche Elemente mit einschließt. Gleichzeitig kannst du bestimmte Techniken erlernen, die dir helfen deine Aufmerksamkeit und Energie zu fokussieren, sodass du deine Aufgaben effizient, produktiv und im besten Fall stressfrei – oder zumindest mit einem geringen Stressniveau – erledigen kannst. Hierzu zählen das aktive Erleben eines Flow-Moments, sowie eine regelmäßige Meditation, die den Geist beruhigt und unruhige, sperrige Gedanken entwirrt. Denn Unruhe stiftende Gedanken vernebeln uns häufig die Sicht, da wir uns zu lange mit ihnen aufhalten. Wir verschwenden nicht selten einfach zu viel Zeit an sie, in dem wir sie versuchen festzuhalten, sie zu hinterfragen und unsere Persönlichkeit somit manchmal eventuell infrage stellen. Aber meistens sind Gedanken einfach nur Gedanken, uns ziehen täglich bis zu 60.000 Gedanken durch den Kopf. Und das ist etwas, was wir lernen müssen: Gedanken ziehen zu lassen. Aber auch Stressminimierung zählt zu den Fähigkeiten, die sich im Leben als sehr nützlich erweisen, denn Stress verursacht körperliche Beschwerden und macht logischerweise, wenn er andauert, auch keinen Spaß. Im Gegenteil, er lindert unsere Konzentrationsfähigkeit, raubt uns Energie und verleitet uns eventuell zu einem hektischen, unachtsamen, unaufmerksamen Leben, das uns nicht befriedigt. Eine immer wiederkehrende Gedankenschleife hängt oftmals mit Stress zusammen, beziehungsweise bedingen sich beide Phänomene gerne gegenseitig. Denn so kann ein nicht aufhören wollender Gedankenkreisel dauerhaften Stress verursachen. In diesem Kapitel werden folglich auch japanische Taktiken zur Stressminderung aufgezeigt. Zunächst wollen wir uns der Entdeckung des Ikigais deines persönlichen Lebenssinnes widmen, während im Anschluss praxisnahe Tipps folgen, um mehr Ikigai hinsichtlich des gegenwärtigen Wohlgefühls zu erzielen.

Grundlegende Hinweise für die Reise zu deinem Ikigai

Nimm dir Zeit für Träume

Gönne dir zwischendurch immer wieder Auszeiten, um auf deine Wünsche und Träume zu hören. Besinne dich darauf, was du innerlich fühlst und dir wünschst. Welche Träume möchtest du in die Realität umsetzen? Gibt es Träume mit einer besonders wichtigen Rolle in deinem Leben? Welche Ziele und Träume hast du bisher verdrängt oder auf später vertagt, weil du dachtest, keinen Platz dafür zu haben? Überprüfe dein aktuelles Leben nach Projekten, Zielen und Aufgaben, die auf dein Ikigai einzahlen. Oft wissen wir, was richtig für uns ist und verlieren es im Alltagstrott (oder in der Bequemlichkeit, beim Alten zu bleiben) schnell aus den Augen.

Bleibe aktiv

Achte darauf, dass du aktiv bleibst. Vernachlässige weder deinen Körper noch deinen Geist, sondern fördere dein Glück durch Lebendigkeit, Wachstum und Lebensfreude.

Achte auf Selbstfürsorge

Achte auf dich selbst und deinen Körper. Gib ihm die wichtigen Dinge, die er benötigt, wie zum Beispiel gesundes Essen, guten Schlaf, ausreichend Bewegung, freies Atmen und die Kraft aus der Natur. All diese Dinge sind Selbstfürsorge.

Versuche, Stress zu meiden

Stresssituationen oder Hektik sind Gift für Seele, Körper und Geist. Achte deshalb immer wieder auf einen richtigen Ausgleich. Deine Stressfaktoren kannst du durch entspannende Tätigkeiten wie zum Beispiel Yoga oder einen Spaziergang an der frischen Luft verbessern. Auch Gartenarbeit oder kreatives Schreiben kann dazu zählen. Reflektiere auch regelmäßig, welche Dinge in deinem Leben Stress in dir auslösen und verbanne sie Schritt für Schritt aus deinem Leben. Wichtig zu erwähnen ist in diesem Zusammenhang allerdings, dass man häufig kurzfristig mehr Stress und Schmerz in Kauf nehmen muss, um langfristig und nachhaltig Besserung zu schaffen (Selbstdisziplin).

Dankbarkeit üben

Versuche, dich hin und wieder auf die Dinge zu besinnen, für die du besonders dankbar bist. Wenn du möchtest, kannst du beginnen, das alles in ein Notizbuch zu schreiben. Mache dir immer wieder Gedanken darüber, für wen und wofür du alles dankbar bist.

Soziale Kontakte

Versuche, immer wieder die Gesellschaft von Freunden oder Bekannten zu suchen und sich gegenseitig zu unterstützen. Für Glück ist das Sozialgefüge ein wesentlicher Aspekt im Leben. Reflektiere auch hier regelmäßig, welche Menschen dir Kraft schenken und welche dich immer wieder bei der Verwirklichung deines Ikigai zurückwerfen.

Eigene Erfahrungen machen

Was unser persönliches Ikigai betrifft, sind allein wir selbst der Nabel der Welt. Kein anderer kann uns sagen oder gar vorschreiben, was unserem Leben einen Sinn gibt. Wir können uns von anderen Personen inspirieren lassen oder uns Ratschläge holen, aber im Grunde muss jeder für sich selbst etwas finden, was dem eigenen Ikigai entspricht. Nur wenn jeder Mensch sich selbst treu ist, ist er auch authentisch und glaubwürdig.

Werde ein Herzmensch

Es ist wichtig, bei der Suche nach dem eigenen Ikigai auf das eigene Herz zu achten. Gerade in der heutigen Zeit wird das Herz des Menschen kaum mehr wahrgenommen. Höre auf dein Inneres und öffne dich dafür. Was dir das Herz sagt, kannst du anschließend mit deiner Vernunft prüfen. Du wirst erstaunt sein, wie viel Sinn deine Intuition doch ergibt, da unser Unterbewusstsein viel mehr wahrnimmt und verarbeitet als unser Bewusstsein.

Auf die kleinen Dinge schauen

Das Glück findet sich nicht nur in großen Erfolgsmomenten oder besonders aufregenden Erlebnissen. Glück begegnet jedem Menschen im Alltag, in den schönen und schweren Momenten. Die kleinste Aktivität oder Wahrnehmung, ja bereits ein Gedanke, kann genauso lohnend und sinnerfüllt sein wie etwas Großes, Spektakuläres.

Bleibe neugierig, aber fokussiert

Wir sollten neugierig bleiben – auch in neuen Phasen unseres Lebens und in Bezug auf das eigene Ikigai. Wenn sich dein Leben verändert und du dir nicht sicher bist, wie das eigene Ikigai aussehen wird, dann betrachte seine Erkundung als spannende Reise mit vielen Überraschungen. Behalte aber eine gesunde Balance und lasse dich nicht gleich von jedem Einfluss mitreißen. Sicher funktioniert schon sehr vieles gut in deinem Leben oder du kannst eine positive Entwicklung beobachten. Bleibe fokussiert!

Denke barrierefrei

Denke so wenig wie möglich in Grenzen und löse dich, falls nötig, von altern Mustern und Schubladendenken. Nur so schränkst du nicht bei der Erschaffung deines Traumlebens ein!

Praktische Fragen und Übungen zur Entdeckung deines Ikigais

Nachfolgend möchte ich dir nun die Übungen vorstellen, mit denen du die Reise zu deinem eigenen Ikigai beginnen kannst. Die vorgestellten Übungen sollen anregen, sich wieder auf eigene Wünsche, Sehnsüchte, Fähigkeiten und sich selbst zu besinnen. Die Ergebnisse der Übungen sind damit allerdings nur theoretische Hypothesen. Wichtig ist, dass du sie praktisch in deinem Leben ausprobierst und im Nachgang reflektierst, was dir gut und eher weniger gut getan hat, um diese Erkenntnisse für die Zukunft zu nutzen. Auch hier greift wieder das Naturgesetz, dass alles einem stetigen Wandel unterworfen ist. Es gibt keine Endstation des Glücks. Es gilt, sich langsam über eine lange Zeit an dieses Ideal heranzuarbeiten. Nicht zuletzt verändert sich dieses Ideal auch im Lebenslauf. Sicher fühlte sich für dich mit 18 Jahren Selbstverwirklichung und Erfüllung anders an als mit 25, oder? Daher ist es wichtig, die Selbstfindung als dynamischen Prozess zu verstehen und nicht als „Heureka"-Moment, der für den Rest des Lebens anhält. Du musst die Fragen nicht wie in der Schule sofort durcharbeiten und anschließend ein „gutes" oder „schlechtes" Ergebnis haben. Besser ist es, die Fragen und Übungen langfristig ins Leben zu integrieren und dann beantworten, wenn es gerade passt.

Vor Beginn der Übungen

Versuche, die Übungen konzentriert, aber nicht verbissen, sondern mit Leichtigkeit durchzuführen. Es ist wichtig, dass du dich auf diese Entdeckungsreise einlässt, um auch das volle Potenzial entfalten zu können. Du kannst die Übungen hintereinander durchführen oder auch zwischendurch Pausen einlegen. Wenn dir eine Übung für dich nicht relevant erscheint, dann überspringe sie. Wichtig ist, dass du dir immer wieder bewusst machest, dass jeder Mensch individuell und einzigartig ist. Die Übungen werden in jedem Menschen andere Empfindungen, Sehnsüchte oder Wünsche hervorrufen. Es gibt hier also kein allgemeingültiges Rezept für die Antworten. Wichtig ist, dass du mit einer gewissen Leichtigkeit und ohne Druck an die Übungen herangehst. Dann kannst du neue Erkenntnisse gewinnen und auf dem Weg zu deinem Ikigai besser vorankommen.Es gibt natürlich keine vorgegebene Zeitspanne, in der du die „Übungen" absolvieren sollst. Lege Pausen ein, wenn du gerade keine Zeit hast oder auch unkonzentriert bist, und beantworte die Fragen danach einfach weiter. Es ist wichtig, dass du dir hier selbst keinen Stress oder Druck auferlegst, um dich komplett darauf einlassen zu können. Auf diese Weise kann schon eine einzelne Übung genug Inspirationen für dein mögliches Ikigai hervorbringen, die du im Anschluss durch eine testweise Umsetzung überprüfen kannst.

Entspannungsübung

Komm in eine bequeme Position und beginne, deine Schultern langsam zu lockern. Begib dich nun in eine sitzende oder liegende Position und lege deine Hände leicht auf deinem Bauch ab. Beginne, für drei Atemzüge langsam durch die Nase ein und durch den Mund auszuatmen. Spüre, wie sich dein Bauch bei jedem Atemzug leicht hebt und wieder senkt. Beginne nun durch die nachfolgenden Worte deinen Alltagsstress und negativen Ballast abzuwerfen. Sage dir innerlich oder auch gerne laut: „Ich lasse jetzt los". Spüre, wie du immer entspannter wirst und jegliche Anspannung von dir fällt. Führe diese Atemübung noch einige Male durch. Um diese Übung abzuschließen, beginne, aus vollem Herzen zu lächeln.

Die Kunst der Dankbarkeit

Heutzutage gerät Dankbarkeit leider oftmals in Vergessenheit. Personen, die Dankbarkeit nicht nur als Wort verwenden, sondern eine innere Einstellung dazu haben, leben glücklicher, weniger gestresst und sind zufriedener. Bei solchen Menschen sieht man eine positive Einstellung zum Leben. Sie sind weniger gestresst und leiden seltener unter depressiven Verstimmungen. Gerade Personen, die Dankbarkeit in ihrem Alltag praktizieren sind hilfsbereiter, psychisch und physisch gesunder und haben bereichernde soziale Beziehungen. Kurz gesagt: Menschen die dankbar sind, haben ein erfüllteres und glücklicheres Leben. Dankbarkeit vermittelt Menschen ein Gefühl von Geborgenheit und Zugehörigkeit. Sie spüren, dass sie nicht allein sind. Das Gefühl der Dankbarkeit ist nie ausschließlich auf sich selbst gerichtet. Es geht dabei immer auch um andere. Wer regelmäßig dankbar ist, öffnet sich für andere, dass Leben und den Sinn für das eigene Leben. Dies schafft eine Voraussetzung für Glück und Zufriedenheit.

Dankbarkeitsübung

Wenn du dich auf schöne Dinge in deinem Leben besinnst und dafür dankbar bist, wird dir das helfen, dein eigenes Ikigai zu finden. Dankbarkeit befreit dich von als negativ empfundenen Lastern aus der Vergangenheit und öffnet deinen Blick für die vielen Möglichkeiten für ein glückliches Leben – genau dieser Blick ist für die Entwicklung deines Ikigai elementar! Dankbarkeit kann dir auch helfen, das Schöne bewusster zu machen und so zufriedener zu werden.

Nimm dir ein Notizbuch und beginnen damit, dir drei schöne Dinge zu überlegen, die du am heutigen Tag erlebt hast. Dies können auch Kleinigkeiten sein wie zum Beispiel ein nettes Gespräch oder die Wärme, frische Frühlingsluft beim Spaziergang am Mittag. Wenn du diese positiven Dinge aufgeschrieben hast, überlege dir, wie diese Ereignisse zustande kamen und ob du in irgendeiner Form aktiv dafür verantwortlich bist, dass du diesen Moment erleben durftest. Natürlich nur, wenn das relevant ist. Denke weiter darüber nach, warum dir dieses Ereignis etwas bedeutet und was du tun kannst, um zukünftig noch mehr solcher positiven Erlebnisse zu haben.

Das Selbst wahrnehmen

Dies ist die erste Übung, mit der du dir deiner eigenen Person und deren Bedürfnissen bewusst wirst. Nimm dir hierfür mindestens eine halbe Stunde oder sogar länger Zeit. Es ist besonders hilfreich, wenn du dich mit einer entspannten Geisteshaltung an die Kreation dieser Vision machst. Du weißt selbst am besten, wie du in einen solchen entspannten Zustand findest: Einige Menschen machen einen Spaziergang in der schönen Natur, wieder andere meditieren. Tue das, was dir am ehesten zusagt!

Wenn du dich bereit fühlst, benötigst du nur deine eigene Vorstellungskraft, ein Notizbuch und einen Stift. Atme einige Male ruhig ein und aus und schließe dabei deine Augen. Lasse vor deinem inneren Auge ein immer klareres Bild entstehen – ein Bild von deinem gegenwärtigen Selbst! Nimm dir dafür ruhig ein wenig Zeit! Am besten beginnst du mit dem wirklich Greifbaren, das heißt, deinem Körper, den du an den Orten siehst, an denen du dich häufig aufhältst: Das kann dein Zuhause sein oder auch dein Arbeitsplatz. Ergänze nun dieses Bild von dir mit den Tätigkeiten, die deinen Alltag bestimmen. Auch deine Mitmenschen sind ein zentraler Bestandteil deines Lebens. Sehe dich selbst, wie du mit deinem Umfeld – dem Partner, den Freunden, den Kollegen oder den Familienangehörigen, interagierst.

Wenn es dir gelingt, auf diese Weise ein lebendiges Bild vor deinem inneren Auge zu sehen, werden sich dabei auch gewisse Emotionen einstellen. Manches wird dich erfreuen, anderes wiederum eher traurig stimmen. Einiges kann unter Umständen auch schmerzhaft sein. Achte auf die heraufkommenden Emotionen und mit welchem Teil deines Lebens sie verbunden sind.

Das Bild, das du nun wahrnimmst, ist dein Selbst. Es ist ein Bild deines Lebens, wie es in diesem Augenblick ist. Alles, was dir in der Vergangenheit widerfahren ist, alles, was du je empfunden hast, jede Entscheidung, die du getroffen hast, hat dich zu dem Menschen gemacht, der du heute bist und den du in diesem Augenblick siehst. Vielleicht gefällt dir schon vollkommen, was du siehst. Wenn das so ist, kann ich dir nur gratulieren, dann brauchst du im Folgenden nicht mehr viel anders zu machen. Versuche in einem solchen Fall nur, dich vom aktuellen Kurs nicht abbringen zu lassen oder in Passivität zu verfallen, sondern deinen Erfolgsweg aktiv weiter zu verfolgen.

Möglicherweise gefällt dir aber das aktuelle Bild nicht so sehr. Oft ist es widersprüchlich, es gibt Teile des eigenen Lebens, die in Ordnung sind, bei anderen tauchen Gefühle auf, die du lieber nicht fühlen willst. Es ist nicht schlimm, wenn du so empfindest oder das Bild von dir in deinen Augen kein schönes ist. Mit deinem Ikigai (und allen anderen Anregungen in diesem Buch) kannst du ab jetzt Schritt für Schritt eine „heilere" Vision erschaffen.

Um das Positive in dir zu stärken, sind deine Emotionen der Schlüssel dazu. Frage dich:

- Was gibt mir Kraft?
- Was erfüllt mich mit Freude?
- Was begeistert mich in meinem Leben?
- Was schenkt meinem Leben einen Sinn?
- Was gibt mir Hoffnung und Licht?

Versuche, Antworten auf diese Fragestellungen zu finden: Sind es Hobbys? Ist es dein Beruf, die Familie oder doch gute Freundschaften? Male eine zukünftige Vision von dir, in der diese lichtvollen, freudigen und sinnstiftenden Aspekte eine größere Rolle spielen. Baue sie aus, bis die Vision ganz von dem Gefühl der Freude erfüllt ist. Wenn du diese Vision deines Selbst siehst, solltest du dich gut, leicht und glücklich fühlen.Angenommen, es sind die Menschen in deinem Umfeld, die dich glücklich machen, dann solltest du in deiner Vision diesen Aspekt stärken. Stelle dir vor, wie du öfter etwas mit guten Freunden unternimmst, dich stärker in deine Partnerschaft einbringst oder die Beziehung zu deiner Familie stärkst. Konzentriere dich bei der Vision deines zukünftigen Ich auf das Positive. Wenn du deine Vision bildhaft vor dir siehst, nimm dein Schreibzeug und bringe sie zu Papier. Es geht darum, die Vision später jederzeit wieder lebendig machen zu können. Ein kurzer Blick auf das Papier sollte genügen, dass du dich an die Essenz des Ganzen erinnerst.

Weitere Wegweiser zu deinem Ikigai

Nachfolgende Fragen können dir helfen, Ideen für dein Ikigai zu sammeln. Wichtige Anregungen können dir übrigens die einzelnen Bestandteile (mit ihren Fragen) der Ikigai Lotosblume weiter vorne liefern.

Komme nun in eine bequeme Position und finde in deine Entspannung hinein. Beginne mit der Entspannungsübung. Schließe die Übung wie oben beschrieben mit einem Lächeln ab. Alternativ kannst du auch eine Frage heraussuchen, die dir für dich sehr wichtig erscheint und dir diese bei einem Spaziergang durch den Kopf gehen lassen. Am besten machst du dir zu deinen wichtigsten Gedanken Notizen.

Notiere dir einige Lieblingsbeschäftigungen, die du als Kind hattest.

In meiner Kindheit hatte ich folgende Lieblingsbeschäftigungen:

1. ....
2. ....
3. ....

Überlegen dir nun genau, warum dir diese Beschäftigungen besonders gut gefallen haben könnten. Was steckte dahinter? Grabe ruhig tief und versuche, deine kindliche Intuition zu ergründen.

Daran hat mir besonders gefallen:

1. ....
2. ....
3. ....

Nachdem du dich mit deiner Kindheit beschäftigt hast, kannst du dich jetzt mit deiner Jugend etwas näher befassen. Beginne auch hier, dir zu überlegen, welche Lieblingsbeschäftigungen du hattest.

Meine Lieblingsbeschäftigungen in der Jugend waren:

1. ....
2. ....
3. ....

Nimm dir auch nun wie bereits bei der ersten Übung wieder Zeit, um dir zu überlegen, warum dir diese Hobbys so viel Freude bereitet haben.

Daran hat mir gefallen ...

1. ....
2. ....
3. ....

Zum Schluss kannst du dich mit deinen Hobbys als junge/r Erwachsene/r befassen. Welche Lieblingsbeschäftigungen hattest du in dieser Zeit?

Meine Lieblingsbeschäftigungen als junge/r Erwachsene/r waren:

1. ....
2. ....
3. ....

Denke nun auch darüber nach, warum dir diese Beschäftigungen so gefallen haben.

Daran hat mir besonders gefallen …

1. ....
2. ....
3. ....

Schaue dir nun alle Antworten aus den drei Bereichen nochmals an. Welche Hobbys sind in den verschiedenen Lebensphasen geblieben und welche nicht? Denke darüber nach, welche Beschäftigungen für dich auch heute noch eine Bedeutung haben oder haben könnten. Welche Intentionen liegen hinter den Beschäftigungen? Was genau hat deine Begeisterung ausgelöst? Wo liegt der rote Faden? Was kannst du daraus für dich ableiten? Warum hast du dich gerne mit dem Hobby beschäftigt? Du kannst deine Notizen und Gedanken wieder in einem Notizbuch festhalten. Hierbei geht es nicht darum, dass du viele Aspekte finden, sondern lediglich darum, dass du dir tiefgründige Gedanken darüber gemacht hast, wie du „tickst".

Herzzentrum

Dein Herz kann dir bei Entscheidungen helfen, dir Entschlossenheit geben, den Weg weisen oder auch eine innere Gewissheit schenken. Wenn du etwas nicht aus vollem Herz, sondern nur halbherzig tust, kannst du sehen, wie dich das innerlich aufwühlen wird. Du wirst dich innerlich zerrissen fühlen oder mit Entscheidungen hadern. Selbst kleine Aufgaben rauben dir die Energie und du versuchst, dir mit Kopf-Argumenten etwas positiv zu reden.

Herz und Entscheidungen sollten im Einklang sein, damit du den richtigen Weg einschlagen kannst. Wenn dies nicht der Fall ist, kann es sein, dass du keinerlei Sinn in dem siehst, was du tust. Wie du aus deinem bisherigen Leben erfahren hast, öffnet dir das Herz Türen zu anderen

Menschen. Du kannst Empathie für diese empfinden und wirst merken, wie dich andere in ihr Herz lassen.

Beginne nun damit, dir nachfolgende Fragen zu stellen:

- Kann ich mit ganzem Herzen dahinterstehen?
- Ist es im Herzen stimmig?
- Sagt mein Herz Ja dazu?

Anhand dieser Frage kannst du feststellen, ob die Ergebnisse wirklich aus dem Herzen kommen und damit übereinstimmen. Menschen neigen oftmals dazu, Vorstellungen, Meinungen und Wünsche anderer zu übernehmen. Sie werden teilweise unbewusst bis ins Detail verinnerlicht, ohne zu bemerken, dass es nicht den eigenen Werten entspricht. Es ist natürlich kein Problem, sich von anderen Personen Anregungen oder Ratschläge zu holen. Dies ist für den weiteren Lebensweg sogar sehr wichtig. Hierbei sollte nur darauf geachtet werden, dass nicht einfach so Wünsche und Vorstellungen übernommen werden und das Leben in eine falsche Richtung gelenkt wird. Wenn du dich zu stark von deinem eigenen Weg entfernen und abbringen lässt, versperrst du dich deinem wahren Ikigai und verschreibst dich einem Leben, das du selbst gar nicht leben willst.Du kannst die oben genannten Fragen immer wieder als Hilfestellung nutzen, um herauszufinden, ob dein Herz zu 100 Prozent hinter deinen Antworten steht. Konzentriere dich auf die Stimme deines Herzens und beginne, dich dafür zu öffnen. Nutze die Fragen auch bei den möglichen Ergebnissen der anderen Übungen und Fragen aus dem Praxisteil und achte auf deine Antworten. Versuche immer wieder, dein Herz zu befragen, um herauszufinden, was bei dir dem Ikigai entspricht.

Herzensübung

Mit dieser Übung kannst du dich öffnen und dein Herz besser wahrnehmen. Die Verbindung zu deinem Herz kann so verbessert werden. Suche dir einen ruhigen Ort deiner Wahl. Wichtig ist hierbei, dass du ungestört bist. Komme in eine bequeme Position und beginne, nach und nach die Schultern zu lockern. Wähle aus den bisherigen Übungen maximal drei Aspekte aus, mit denen du dich näher befassen möchtest. Schließe nun deine Augen und nehme drei tiefe Atemzüge. Atme durch die Nase ein und durch den Mund aus. Komme nach und nach zur Ruhe.

Richte deine Aufmerksamkeit nun auf dein Herz, während du weiterhin in deiner Position bleibst. Stelle dir vor, dass dein Herz zu leuchten beginnt, als würde ein strahlendes, warmes Licht oder gar eine Sonne von innen aus ihm hervorscheinen. Stelle dir vor, du schaust von vorne auf dein Herz. Visualisiere eine goldene Lichtbrücke, die zu deinem Herzen führt. Versetze dich in Gedanken nun auf diese Lichtbrücke und gehe auf dein Herz zu. Wenn du direkt davorstehst, denke an deinen ersten Punkt aus den Antworten einer anderen Übungen bzw. Inspirationsfrage, und richte liebevoll folgende Fragen an dein strahlendes Herz: »Fühlt es sich für dich stimmig an? Kannst du voll und ganz Ja dazu sagen?« Atme ruhig und entspannt ein und aus und öffne dich ganz für die Antwort deines Herzens. Wenn du eine Antwort erhalten hast, kannst du mit dem nächsten Punkt fortfahren. Schließe diese Übung ab, indem du deine Aufmerksamkeit wieder auf die Atmung legst. Atme wie zu Beginn langsam durch die Nase ein und durch den Mund aus. Öffne langsam wieder deine Augen und beginne zu lächeln.

Du kannst diese Übung immer wieder durchführen, egal in welcher Lebenssituation du dich befindest. Oftmals kann es helfen, diese Übung immer wieder durchzuführen, wenn du vor Entscheidungen stehst, oder dir bei etwas unsicher sind. Auch um Mut für das Richtige zu finden, ist diese Übung eine Hilfestellung. Du kannst durch diese Meditation eine Verbindung zu deinem Herzen finden und dich dafür öffnen. Nachdem du diesen Schritt gemacht hast, kannst du natürlich immer gerne auch deinen Verstand fragen. Je öfter du diese Übungen praktizierst, desto wahrscheinlicher wird es, dass du Verstand und Herz in Einklang bringst. Falls du dich mit der gerade vorgestellten, gefühlsbetonten

Vorgehensweise schwertust, kann dir die im Folgenden vorgestellte, rationalere Methode helfen, um herauszufinden, was richtig ist, wenn du dir unsicher bist.

Entscheidungskonflikte auflösen

Bist du oft schwankend, wenn es um eine „bedeutende" Entscheidung geht? Oder erscheint für dich heute das eine erstrebenswert, während es morgen etwas anderes ist? Oder grübelst du oft viel zu lange über etwas nach? Dieser Praxistipp unterstützt dich dabei, in solchen Angelegenheiten zu mehr Seelenruhe und Einheitlichkeit zu gelangen. Die Theorie dahinter ist, dass solche Schwankungen nicht auf sich widersprechende Teile in deinem Geist zurückzuführen sind (wie es beispielsweise Freud mit seinem 3-Instanzen-Modell annimmt). Stattdessen handelt es sich um einen sehr schnellen Wechsel zwischen widersprüchlichen Meinungen oder Urteilen in dir. Mache dir in diesem Fall bewusst, welche Meinungen oder Ansichten das genau sind. Hierbei hilft das Denken auf Papier, wo du die verschiedenen Positionen gegenüberstellen kannst. Anschließend prüfst du, welche deiner Meinungen am wahrscheinlichsten der Wahrheit entspricht bzw. welche du am sinnvollsten findest.

Träume und Wünsche – Vergangenheit, Gegenwart und Zukunft

In der hektischen und schnelllebigen Welt neigen Menschen oftmals dazu, ihre Träume und Sehnsüchte zu verdrängen oder gar zu vergessen. Manche Wünsche oder Träume geben allerdings Aufschluss darüber, welche Herzenswünsche sowie Begabungen und Fähigkeiten bestehen. Gehe auch an diese Übung spielerisch und frei heran, ohne den Inhalt der Träume zu bewerten oder zu prüfen, ob sie in irgendeiner Weise realistisch sein könnten. Darauf kommt es im Moment nicht an. Versuche lediglich, dich an deine Träume zu erinnern oder neue zu entwickeln. Beginne auch diese Übung in einer bequemen Haltung und mit der Entspannungsübung. Stelle dir nun nachfolgende Fragen und notiere diese.

- Ich träumte als Kind davon …
- Ich träume in meiner Jugend davon …
- Als junge/r Erwachsene/r habe ich hiervon geträumt …
- Jetzt träume ich von …

Falls dir hier nicht viel einfällt, kannst du einen kleinen Trick anwenden: Stelle dir eine berühmte Person vor; jemanden, der ein Vorbild für dich ist und dich inspiriert. Welche Träume würdest du verwirklichen, wenn du diese Person wärst und somit über all deren Fähigkeiten und Möglichkeiten verfügen würdest? Oder was würdest du tun, wenn du Superkräfte oder die Weltherrschaft hättest? Durch den Wechsel der Perspektive eröffnen sich dir mit großer Wahrscheinlichkeit ungeahnte Wünsche.

Nachdem du dir diese Fragen gestellt hast, kannst du dir Gedanken darüber machen, ob du zu den Träumen aus bestimmten Lebensabschnitten einen besseren Zugang hattest als zu den anderen. Beginne nun, dir die Notizen nochmals anzusehen. Streiche alle Vorstellungen oder Wünsche, die mittlerweile erfüllt wurden oder für dich keinerlei Bedeutung mehr haben. Falls es Wünsche und Träume gibt, die für dich immer noch eine große Bedeutung haben, dann kannst du diese mit einem Stift farbig markieren.

Lies dir deine Träume noch einmal alle durch. Mache dir Gedanken darüber, welche deine größten Träume sind, wofür wärst du sogar bereit, Opfer zu bringen? Welche Wünsche wecken besonders positive Empfindungen in dir? Wo liegt hinter den Wünschen der rote Faden? Was genau begeistert dich an den Träumen? Markiere diese Begriffe farbig, um sie hervorzuheben. Die Beschäftigung mit unseren Traumwelten kann übrigens sehr intensiv sein. Achte daher aufmerksam darauf, wann du eine Pause brauchst. Lege das Buch dann zur Seite und mache ein anderes Mal weiter. Es geht jetzt darum, manche deiner Träume konkreter umzusetzen.

Schlummernde Pläne

Bei der nächsten Übung kannst du noch etwas konkreter werden. Beginne wieder, dir nachfolgende Fragen zu stellen und die Antworten zu notieren.

In diesem Jahr möchte ich Folgendes realisieren:

1. ....
2. ....
3. ....

Meine Träume und Ziele für das nächste Jahr sind erstrebenswert, weil …

1. ....
2. ....
3. ....

Nachfolgend darfst du noch mit einer weiteren Frage auseinandersetzen: Was würdest du tun, wenn du wüsstest, dass dein Vorhaben dir sicher gelingt? Gibt es Projekte oder Träume, die du eigentlich gerne in Angriff nehmen würdest, an die du dich aber aus Angst vor dem Scheitern bisher nicht herangewagt hast?

Dies würde ich gerne in Angriff nehmen, wenn ich wüsste, dass die Umsetzung gut funktioniert:

1. ....
2. ....
3. ....

Lies nochmals die Notizen dieses Kapitels durch und denke darüber nach, welche Erkenntnisse du gewonnen hast. Du hast nun schon einige Übungen absolviert. Hab Geduld mit dir selbst. Es ist wichtig, dass du die Übungen von Zeit zu Zeit wiederholst, nachdem du in die Umsetzung gegangen bist, damit du dich immer mehr öffnen und dein Ikigai finden kannst.

Gedankenreisen

Nun geht es darum, auf Gedankenreise zu gehen und kreativ „Was wäre wenn"-Szenarien auszumalen. Begib dich dazu in eine bequeme Sitz- oder Liegeposition. Atme drei Mal durch die Nase ein und durch den Mund aus. Du kannst gerne die Entspannungsübung vom Anfang wiederholen.

Wenn ich spontan einen Tag zur freien Verfügung hätte, würde ich …

> Versuche dir vorzustellen, dass du einen Arbeitstag frei hast. Du bekommst diesen Tag geschenkt und hast keinerlei Verpflichtungen. Was würdest du nun mit diesem Tag tun? Für diese Übung ist es wichtig, dass du deine Gedanken aufschreibst. Achte genau darauf, dass es sich um keinerlei Verpflichtungen oder unangenehme Dinge handelt.
>
> Wenn ich plötzlich eine Woche ganz für mich hätte, würde ich die Zeit dafür verwenden, …
>
> Was würde nun passieren, wenn du nicht nur einen Tag, sondern eine ganze Woche freibekommen würdest. Stelle dir wieder die Fragen, was du mit diesen Tagen machen würdest. Worauf hättest du Lust oder was wolltest du immer mal tun?

Mit 500 Euro würde ich …, weil …

> Überlege dir nun, was du mit geschenkten 500 Euro machen würdest. Wofür würdest du sie verwenden und warum? Bei dieser Entdeckungsreise gilt, dass du das Geld nicht für Schulden oder offene Rechnungen verwenden darfst.

Mit einer Million würde ich …, weil …

Stelle dir für die nächste Übung vor, dass du 1 Million Euro gewonnen hast. Schwelge in der Vorstellung, so viel Geld zur Verfügung zu haben. Auch hier gilt: Du darfst die Million nicht dafür verwenden, um Rechnungen oder Schulden zu begleichen, und du darfst das Geld auch nicht zur Bank bringen. Stelle dir vor, du hättest einen Monat lang Zeit, um es auszugeben. Was würdest du damit tun? Du kannst gerne viele, viele Ideen sammeln.

Beginne für die nachfolgende Übung, dich nochmals kurz zu sammeln. Führe die Entspannungsübung durch und finde langsam zur Ruhe. Lies konzentriert, schließe dann die Augen und atme drei Mal ruhig ein und aus, bevor du deine Antwort schriftlich festhältst.

Diesen Wunsch / diese Wünsche würde ich mir heute noch erfüllen, wenn morgen die Welt unterginge …

Zum Schluss kannst du nochmals mit einem farbigen Stift die Schlüsselbegriffe markieren. Anschließend kannst du die Themen einkreisen, die sich in der Kernaussage wiederholen oder für dich eine besondere Bedeutung haben.

Bewegende Geschichten

In diesem Abschnitt geht es um konkrete Erlebnisse, die dir in der Vergangenheit widerfahren sind und die dich emotional besonders stark bewegt haben. Die Zusammenhänge sind dabei nicht eindeutig erforscht: Empfinden wir bestimmte Ereignisse besonders intensiv und emotional, weil sie einen bestimmenden Teil unserer Persönlichkeit ansprechen (Schlüssel-Schloss-Prinzip)? Oder prägt sich unsere Persönlichkeit durch die Erlebnisse? Oder ist es eine Mischung aus beidem? Fakt ist jedoch: Die Ereignisse, die du im entsprechenden Moment oder im Nachhinein betrachtet als besonders wichtig und emotional erachtest, sagen viel über dein tiefes Selbst aus. Was bedeutet das nun für dein Ikigai? Folgender Leitfaden kann dich dabei unterstützen, wichtige Leitkonzepte und -werte deines Selbst zu identifizieren:

- Welche Erlebnisse haben dich besonders berührt?
- An welche Momente hast du eine besonders starke Erinnerung? So stark, dass es sich fast so anfühlt, als würde der Moment immer noch anhalten?
- Es kann sich sowohl um negative als auch positive Erinnerungen handeln.Am besten führst du die Übungen mit einer Person durch, der du vertraust. Erzähle ihr nun ausführlich von den Erlebnissen. Ihre Aufgabe ist es, Schlüsselmomente, Schlüsselwörter oder Schlüsselgedanken aus deinen Schilderungen als Notizen niederzuschreiben. Nun geht es darum, diese Erlebnisse auf der Metaebene zu interpretieren.
- Mit welchen Themen haben diese Erlebnisse zu tun?
- Welche Werte liegen deinen Handlungen in diesen Erlebnissen zugrunde? Wofür hast du dich jeweils eingesetzt?Was genau hat dir bei den positiven Erlebnissen so gefallen? Was genau hat sich bei den negativen Erlebnissen für dich so schlimm angefühlt?
- Wo liegt bei den Antworten auf diese Fragen der rote Faden?

Mit diesen Antworten solltest du nun ein genaueres Bild davon haben, wie dein Selbst tickt. Wie kann dein Leben in Sachen Beruf, Partnerschaft & Familie, Hobbys und Gesundheit aussehen, um dem Selbst die Möglichkeit zu geben, sich vollkommen zu entfalten? An dieser Stelle kann dir leider kein Ratgeber oder eine Schritt für Schritt-Anleitung helfen. Gehe offen durchs Leben und sammle Ideen!

„Worin du gut bist“ – Gaben und Talente entdecken

Jeder Mensch hat Talente, die im Inneren verborgen sind und nicht ausgelebt werden. Es wäre jedoch eine bereichernde Erfahrung, an diesen Talenten zu feilen, und sie im Leben zu festigen. Wenn von Talenten die Rede ist, denken die meisten Menschen sofort an eine künstlerische oder musikalische Begabung. Es gibt die unterschiedlichsten Talente. Jeder Mensch ist individuell und so sind auch seine Talente individuell. Es gibt Talente, die auf den ersten Blick nicht als solche zu erkennen sind. Sie wirken auf den ersten Blick unscheinbar oder auch unbrauchbar. Ein Beispiel hierfür wäre das Talent, anderen Menschen gut zuhören zu können oder andere Menschen zum Lachen zu bringen. Doch auch diese Fähigkeiten sind Talente. Damit die Talente zu einer wahren Freude, Bereicherung und Erfüllung werden, müssen sie mit anderen Menschen geteilt werden. Dies scheint auf den ersten Blick paradox zu sein. Menschen, die ihre Talente teilen, haben selbst mehr davon. Dies gehört zu den Dingen, die durch das Teilen mehr werden und nicht weniger.

Wie funktioniert das Erkennen der eigenen Talente und Fähigkeiten?

> Diese Frage kann dich dazu anregen, dich selbst besser zu erforschen. Ein weiterer Vorteil liegt hier in der Einstellung zu sich selbst. Wenn du dich mit dir selbst auseinandersetzt und deine Talente entdeckst, wirst du merken, wie schön die Erkenntnis ist, dass du nicht perfekt und nicht „fertig" bist, denn genau das musst du auch nicht. Deine Talente machen dich wertvoll.
>
> Eine solche Entwicklung kannst du selbst aktiv fördern, indem du lernst, deine Talente zu erkennen und zu entfalten. Viele deiner Talente werden dir bereits bekannt sein, doch es gibt auch Begabungen und Fähigkeiten, die dir bisher verborgen waren. Es ist wichtig, dass genau diese Fähigkeiten ans Tageslicht kommen, damit sie dein Leben bereichern können.

Tipps für deinen Alltag – die verborgenen Talente entdecken

> ◈ Sei offen für neue Erfahrungen, Tätigkeiten und Eindrücke. Sie laden dich dazu ein, dass du dich selbst neu erfahren

und erkennen kannst. Du wirst dabei Seiten an dir entdecken, die bisher verborgen waren.

- Verlasse deine Komfortzone. Menschen neigen dazu, sich immer wieder in gewohnten Abläufen oder Tätigkeiten zu bewegen, die sie kennen und bei denen sie sich sicher fühlen. Probiere jedoch bewusst Neues aus und traue dich, neue Dinge zu wagen, was erst mal etwas einschüchternd wirkt. Nimm deine Intuition wahr und folge ihr. Achte in deinem Alltag darauf, immer wieder auf dein Bauchgefühl zu hören.
- Schreibe heute deinen 10 engsten Kontakten und frage sie, was sie denken, worin du gut bist.

Zuneigung und Abneigung

Weißt du, wie du deine Zeit investierst? Wie viele Stunden verbringst du mit erfüllenden Tätigkeiten (auch wenn sie anstrengend sein) und wie viele mit Mühen, bei denen du dich wie in einem Hamsterrad ohne jeglichen Zweck fühlst? Wie oft siehst du Menschen, die dir etwas bedeuten und wie oft andere, die dir Kraft rauben?

Schritt 1: Nimm Dir ein Blatt und unterteile es in sieben Spalten. Dabei steht jede Spalte für einen Wochentag in deinem Leben.

Schritt 2: Gehe jeden Tag, Stunde für Stunde der letzten Woche durch. Wen triffst du? Was tust du? Nimm dir nun zwei verschiedenfarbige Textmarker (beispielsweise Rot und Grün). Einer steht für „Love", also etwas Positives in deinem Alltag. Der andere steht für „Hate", das, was du als negativ empfindest. Markiere nun jede Tätigkeit mit einer der beiden Farben – je nachdem, was dir Freude und Erfüllung bereitet oder negative Assoziationen auslöst. Denke dabei nicht zu intensiv nach. Es genügt dein Bauchgefühl. Denkt dein Bauch an Love oder an Hate bei den verschiedenen Tätigkeiten?

Schritt 3: Nun hast du die ganze Woche mit Love oder Hate bedeckt. Was ist alles rot und grün? Wie sieht das Verhältnis aus? Sind

Love und Hate ausgeglichen oder überwiegt eine Seite? Entspricht die Darstellung deinem Gefühl?

Sinn dieser Übung soll sein, dass dir bewusst wird, wie viel Zeit du Tätigkeiten widmest, die dir Kraft nehmen und dich runterziehen. Meistens schenken wir den Dingen viel Aufmerksamkeit, die uns nicht guttun. Gehe achtsam mit deiner Zeit um! Außerdem kannst du die Ergebnisse auf der Metaebene interpretieren: Was verbindet die Tätigkeiten, die du als belastend empfindest und die somit anscheinend nicht deinem selbst entsprechen? Welches unsichtbare „rote Band" verbindet die Tätigkeiten, die sich für dich erfüllend anfühlen und etwas mit deinem Selbst zu tun haben?

Der Klang deines Lebens

In dieser Übung geht es um die Visualisierung der Werte, die für dein Leben wichtig sind und zu welchem Zeitpunkt sie sich in einer Harmonie befinden. Genau wie ein Lied kann auch dein Leben zu schrill oder zu dumpf sein. Versuchen wir einmal, dein Harmonielevel herauszufinden.

Schritt 1: Nimm dir ein großes Blatt und entscheide dich für ca. fünf bis sieben mögliche Bereiche oder Werte im Leben, die für dich aus dem Bauch heraus Relevanz haben. Relevanz muss dabei nicht unbedingt bedeuten, dass du diese Werte ausgeprägt in deinem Leben haben möchtest. Es kann auch der Umkehrschluss sein, dass dir dieser Bereich momentan zu stark ausgeprägt ist und er dir eigentlich unwichtig ist. Dann nimm ihn mit auf. Mögliche Bereiche sind: *Familie, Gesundheit, Geld, Sicherheit, Sport, Freunde, Liebe und Partnerschaft, Kreativität, Religion, Status, Freiheit, Natur, Karriere, Extravaganz, Harmonie, Leistung, Humor, Genuss, Ordnung, Autonomie, Spontanität, Risiko* ... Du darfst gerne selbst Bereiche für dich ergänzen. Es muss keiner der genannten Begriffe sein! Zeichne unter jedem der ca. fünf bis sieben ausgewählten Bereiche auf deinem Blatt eine senkrechte Skale. Sie steht als Symbol für den Regler deines Klangs.

Schritt 2: Hast du eine Wahl getroffen und einen Regler für jeden Bereich erstellt, geht es an den Sound. Versuche, mit einem kleinen Klebezettel jeden Regler auf der Skala so einzustellen, dass er deinem aktuellen Leben entspricht. Die Skala veranschaulicht, wie stark die Bereiche aktuell in deinem Leben ausgeprägt sind. Den Klebezettel ganz hoch auf die Skala zu kleben bedeutet, dass dieser Bereich einen großen Anteil hat. Ganz unten bedeutet, dass er überhaupt keine Rolle spielt.

Schritt 3: Beschäftige dich nun mit folgenden Fragen.

- Welchen Bereich habe ich ausgewählt und warum?Bei welchen Bereichen stehen die Regler weit oben? Bei welchen stehen sie weit unten? Warum ist das so?
- Welchen Einfluss hat ein Bereich auf die anderen?
- Wie ist der Sound insgesamt?

Schritt 4: Nimm erneut dein Blatt. Verwende nun andersfarbige Klebezettel und stelle deine Regler so ein, wie es nach deinem Bauchgefühl „perfekt" wäre. Lasse dabei die Klebezettel aus der Anfangsübung kleben. Schnell kommt man bei dieser Übung auf den Gedanken, alle Regler nach ganz oben zu stellen. So leicht ist es leider nicht. Stelle dir ein Orchester vor, bei dem alle Instrumente so laut spielen, wie es nur gut. Das ist nicht schön. Auf die Harmonie und die Balance kommt es an – und die ist von Mensch zu Mensch unterschiedlich.

Schritt 5: Auf deinem Blatt befinden sich nun zwei Farben von Klebezetteln. Eine stellt den aktuellen Stand dar. Die andere zeigt den gewünschten Idealzustand. Welche Bereiche entsprechen schon fast dem Idealbild? Wo liegt das Idealbild weit entfernt und woran liegt das? Was kannst du tun, um dich dem Ideal anzunähern?

KAPITEL 6:

Ikigai im westlichen Alltag umsetzen – geht das?

Flow und Ikigai

Einer der wichtigsten Elemente, die eine von *Ikigai* erfüllte Lebensweise ermöglichen, ist die Fähigkeit im Flow zu sein. Die Fähigkeit vollständig in einer Sache, die man gerne tut, aufzugehen und unterzutauchen, sich in Raum und Zeit zu verlieren, weil man so sehr im Moment lebt, dass alles andere unsichtbar wird. Stellen wir uns vor, wir lieben es, zu kochen, das Schneiden der Zutaten, das Anrühren der Soßen, das Würzen, das Probieren; all diese Tätigkeiten werden uns leicht und fließend von der Hand gehen und gleichzeitig konzentrieren wir uns nur auf den Geschmack. Oder leidenschaftliche Sportler, die sich im Training verlieren und voller Ambition an einer Trainingsmethode feilen; Künstler, die nach Stunden einen ersten Blick auf die Uhr werfen und sich wundern, wo die Zeit geblieben ist. Ob wir malen, kochen, Sport machen, Gesellschaftsspiele spielen, oder uns einer ganz anderen Sache widmen, spielt absolut keine Rolle. Jede Tätigkeit kann für einen bestimmten Menschen eine Tätigkeit sein, die ihn in einen Flow-Zustand versetzen kann. Während zeichnen für den einen pure Erholung und Entspannung bietet, ist es für den anderen anstrengend und reine

Zeitverschwendung. Wie wir sehen, gibt es durchaus Unterschiede; es muss nicht für jeden Menschen dieselbe Tätigkeit erhellend und spaßig sein. Was dem einen Freude bereitet, belastet den anderen. Wenn wir im Flow sind, entspannt sich unser Geist, wenn wir im Flow sind, leben wir im Hier und Jetzt. Weder die Vergangenheit noch die Zukunft spielen in einem Flow-Moment eine Rolle, es zählt nur die Gegenwart, die vollkommen von dieser einen Tätigkeit bestimmt wird. Das Ich löst sich auf und die Tätigkeit übernimmt das Zepter, schenkt unserem Geist Ruhe und innere Befriedigung. Es ist folglich sehr wichtig, dass du bei dir bleibst, lasse dich nicht verunsichern, von dem, was andere in einen Flow-Zustand versetzt, sondern konzentriere dich auf dich selbst. Eine Tätigkeit, die du im Flow machen kannst, wirst du vermutlich sehr gerne machen und genießen. So gerne, dass du bereit bist, andere Dinge im Leben dafür zurückzunehmen.

Der Flow-Zustand ist sehr wichtig, um das *Ikigai* wirken zu lassen. Wenn wir etwas tun, was uns in einen Flow-Zustand versetzt, lassen wir unserer Kreativität freien Lauf, wir verschmelzen mit dem Hier und Jetzt, unser Ich löst sich in dem Moment auf und wir leben unsere Leidenschaft, wir können unser *Ikigai* leben. Im Flow zu sein hat aber auch ganz andere Vorteile. Denn so sind wir kognitiv in der Lage die vielen, unterschiedlichen Nuancen, die uns begegnen zu erkennen und zu verarbeiten. Sind wir hingegen nicht im Flow, kann dies für eine unausgeglichene Gefühlslage stehen, die uns wiederum dazu verleitet, unachtsam, tollpatschig und unaufmerksam zu sein. Für ein Leben, welches mit Achtsamkeit geführt werden soll, ist der Flow-Zustand somit von großem Nutzen.Nach García und Miralles gibt es sieben Voraussetzungen, die erfüllt sein müssen, um einen Flow-Zustand zu erreichen. Diese sieben Voraussetzungen sind:

1. Du musst wissen, *was* du tun möchtest.
2. Gleichzeitig musst du wissen, *wie* du es tun willst.
3. Du musst wissen, wie gut du die zu beherrschende Tätigkeit tatsächlich meistern kannst.
4. Falls du den Ort wechselst, musst du wissen, wohin es gehen soll.

5. Suche dir fordernde Herausforderungen.
6. Es ist wichtig, dass du auf deine besten Ressourcen zurückgreifen kannst.
7. Ablenkung wird dich aus dem Konzept bringen – vermeide sie.

Wenn wir eine Tätigkeit erledigen, die uns großen Spaß bereitet, werden die sieben Voraussetzungen sich automatisch erfüllen. Anders kann es jedoch aussehen, wenn wir Dinge bewältigen müssen oder wollen, die uns entweder nicht besonders gut liegen oder die uns keinen Spaß machen. Dann ist es meistens sehr schwierig, sich nicht ablenken zu lassen und fokussiert zu bleiben.

Flow-Techniken für den Alltag

Aber der Flow kann uns auch helfen, Dinge gezielt zu erledigen, Aufgaben im Alltag, im Beruf oder im Studium zu bewältigen, die uns lästig erscheinen und die wir am liebsten schnellstmöglich hinter uns bringen wollen. Gerade in solchen Situationen hilft es uns sehr, den Flow-Zustand zu erreichen und so mit Leichtigkeit und Motivation die Aufgaben zu vollenden. Doch manchmal kann es sehr schwer sein in den besagten Flow zu kommen. Sei es, weil wir abgelenkt werden, oder uns unter Druck fühlen, weil uns unzählige Dinge durch den Kopf schwirren, die wir erledigen müssen, woran uns unser Gedankenkarussell auch immer wieder erinnert; oder sei es einfach, weil wir keine gute, anregende Methode haben, um die Aufgabe zu bewältigen. Der Flow hilft uns, Stress abzubauen, unsere Aufmerksamkeit und Energien so zu bündeln, dass sie uns zielführend dabei unterstützen, die Dinge zu erreichen, die wir wollen und brauchen. Der Flow ist meistens Ausdruck dessen, was unser *Ikigai* ausmacht, kann uns aber auch helfen unser *Ikigai* für unangenehme, lästige Angelegenheiten als Motivationsfaktor einzusetzen. Unser *Ikigai* kann uns wiederum dazu inspirieren den Flow-Zustand öfter und gezielter zu leben. Wir sehen, Flow und *Ikigai* sind eng miteinander verbunden.

Um in den Flow kommen zu können, solltest du dir ein Ziel setzen, was du auch wirklich erreichen *kannst*. Das ist insofern wichtig, als dass dich eine zu einfache Arbeit langweilen und somit demotivieren wird, aber auch insofern als dass dich eine zu schwierige Aufgabe entmutigen wird, weil sie über deinen Fähigkeiten liegt. Wie wir in Frances Miralles und Héctor Garcías Buch über ein langes Leben dank *Ikigai* lernen können, ist es sehr wichtig, die Schwierigkeit einer zu bewältigenden Aufgabe angemessen auszuwählen. Sie sollte weder zu leicht noch zu schwer sein, am besten liegt der Schwierigkeitsgrad etwas über deinen Fähigkeiten und Kompetenzen. Das steigert deine Lust und verleiht dir Antrieb, da du das Ziel in deiner Reichweite sehen kannst und somit weißt, dass du es potenziell auch erreichen kannst. Die ersten kleinen Schritte hin zu deinem Ziel können direkt als Erfolge verbucht werden, was dich freuen wird und somit noch mehr anspornen wird, den Rest der Aufgabe zu meistern. Gleichzeitig hältst du deinen Geist damit fit, er bleibt in Bewegung und spendet dir so Vitalität. Das Gefühl von Vitalität, die angenehm sprudelnde Freude, die sich einstellt, wenn man eine Aufgabe erfolgreich gemeistert hat und dabei auch noch etwas gelernt hat, weil man sich selbst übertroffen hat, sind die beste Medizin gegen Trägheit und Demotivation im Alltag. Auch hier können wir wieder den Bogen zur gesunden, erfüllten Langlebigkeit spannen, denn wie wir bereits erfahren haben, halten sowohl ein bewegter Körper als auch ein geforderter, vitaler Geist den Menschen lange im und am Leben. Somit können wir unsere geistige Fitness trainieren, was verhindert, dass wir in monotone, langweilende Strukturen abgleiten. Die Tretmühlen des Alltags können abgewehrt werden und orientierungslos werden wir auch nicht, weil wir unsere Richtung ja kennen. Wenn du dir also nun eine Aufgabe mit dem passenden Schwierigkeitsgrad ausgewählt hast, dann überlege, bevor du mit der Aufgabe beginnst, wie dein Ziel im Konkreten aussehen soll. Oftmals setzen wir uns an den Schreibtisch und beginnen, etwas zu schreiben, ohne uns davor konkret zu überlegen, wie viel wir heute eigentlich schaffen wollen oder können. Wie ist meine heutige Verfassung? Wie viel möchte ich heute schaffen? Wie viel sollte ich heute erledigen, damit ich mein Endziel – das Fertigstellen der Semesterarbeit – gut erreichen kann? Was sind die Aufgaben meines Teams? Diese Fragen sollten wir uns stellen, *bevor* wir wüst und orientierungslos beginnen auf ein undefiniertes Ziel hinzuarbeiten. Wenn wir nur das Endziel im Kopf haben, oder auch überhaupt kein Ziel wird es sehr schwer sein, uns zu motivieren.Wer kennt das Gefühl nicht, vor einer großen Aufgabe zu stehen, und anstatt dass man sich ihrer Schritt für Schritt annimmt, schiebt man es vor sich her einfach anzufangen. Und warum? Weil es viel schwieriger ist, sich zu motivieren und konzentrieren, wenn man an eine zwanzigseitige Semesterarbeit und viele, zähe Stunden in der Bibliothek denkt, oder ob man an vier Seiten und zwei Stunden in der Bibliothek denkt. Wenn wir an ein heutiges Ziel denken, an ein Ziel, das wir noch dazu gut – und nicht völlig gestresst – erreichen können, wird es uns wesentlich leichter fallen, uns zu motivieren. Und das vor allem dann, wenn wir eine Aufgabe bewältigen müssen, die uns wenig Spaß bereitet. Dennoch ist es wichtig, das gesteckte Ziel, im Flow auch mal zur Seite schieben zu können und nicht durchgehend daran zu denken. So kannst du dich in den Träumereien zur Erreichung deines Zieles verlieren und verpasst vielleicht einen wichtigen, ausschlaggebenden Moment. Stellen wir uns vor, ein Reporter muss an einem Tag fünf nervenaufreibende Interviews führen. Wenn er schließlich bei Nummer fünf ankommt, freut er sich über das baldige Beenden seiner heutigen Tagesaufgabe. Doch der Gedanke und das Träumen darüber, wie erleichtert er sein wird, wenn er stolz zuhause auf der Couch sitzt und sich guten Gewissens zurücklehnen kann, führen vielleicht dazu, dass er nicht mehr richtig zuhört. Es führt vielleicht dazu, dass er es verpasst, interessante Fragen zu stellen und bei den weniger aussagekräftigen Inhalten nachzuhaken. Somit muss er das Interview entweder wiederholen oder er muss sich mit einer schlechteren Qualität seiner Recherche zufriedengeben. Wir können eindeutig erkennen, dass es sehr wichtig ist, ein klares Ziel vor Augen zu haben, aber gleichzeitig müssen wir es schaffen uns in erster Linie auf die Aufgabe konzentrieren.

Das Geheimnis liegt also darin, die Dinge Stück für Stück anzugehen und sich erreichbare, gut definierte Ziele zu stecken – in Hinblick auf das große Ganze. Die Liebe und die Wertschätzung vom „klein anfangen" werden hier erneut deutlich, wie wir in Kapitel 3 bereits gesehen haben. Wer fähig ist, klein anzufangen, kann Großes erreichen, man kann seine Ziele erreichen. Ob wir nun eine Arbeit schreiben, oder ein Projekt im

Büro fertigstellen müssen, oder den Haushalt bewältigen wollen; es hilft uns ungemein, wenn wir uns davor ein klares, zu erreichendes Ziel stecken. Dann wissen wir, worauf wir hinarbeiten, dann wissen wir in welche Richtung wir unsere Energie bündeln sollen und vor allem wissen wir, *warum* wir gerade hier sitzen und eine Semesterarbeit schreiben und nicht noch schnell einen Kaffee mit Freunden trinken gehen, weil wir ja irgendwie noch genug Zeit haben. Denn wir sitzen *jetzt* hier, weil wir heute vier Seiten schreiben wollen und weil wir wissen, dass wenn wir diese vier Seiten geschrieben haben, wir einen weiteren Schritt Richtung Fertigstellung gemacht haben, die wir entspannt erreichen werden. So können wir motiviert am Schreibtisch sitzen bleiben, so können wir unsere Aufgaben in der Arbeit motiviert erledigen, denn wir wissen genau, was das heutige Ziel ist. Und wir wissen, dass dieses Ziel in unserer Reichweite liegt. Mit dem Erreichen des Ziels, was wir uns heute gesteckt haben, stellt sich auch eine Entspannung ein. Denn nun wissen wir, wir haben einen Schritt geschafft, der uns hilft, das große Ganze, das Endziel zu bewältigen. In so einem Moment werden wir stolz sein und mit einem positiven Gefühl auf unsere bereits erledigten und die noch vor uns liegenden Aufgaben blicken. Am wichtigsten ist es jedoch, dass wir lernen, uns auf eine Aufgabe zu konzentrieren. Gerade im Zeitalter der nicht enden wollenden Unterhaltungsmöglichkeiten, dem nahezu unbegrenztem Zugang zu Ablenkung scheint es eine wahre Kunst zu sein, sich nur auf eine Sache zu fokussieren. Es scheint wie ein Meisterwerk der Konzentration, wenn man es schafft, sich nicht ablenken zu lassen. Doch ist es wirklich so schwierig? Auf alle Fälle brauchen wir dazu eine bewusste Entscheidung. Wir können nicht automatisch davon ausgehen, dass wir nicht abgelenkt werden, wir müssen uns dazu entscheiden, nicht abgelenkt werden zu wollen. Das bedeutet so lange das Handy neben uns liegt und bei jeder WhatsApp-Nachricht oder Nachrichten-Benachrichtigung aufleuchtet, werden wir für einen kurzen Moment abgelenkt. Allein die Tatsache zu wissen, dass es jeden Moment aufleuchten kann, zieht unserem Gehirn nachweislich Energie für die Konzentrationsfähigkeit ab und löst erwiesenermaßen unterschwelligen Stress aus. So listen Miralles und García Auswirkungen andauernden Stresses auf: „Auf das Klingeln des Handys oder eine neue E-Mail reagiert das Gehirn wie auf die Bedrohung durch ein Raubtier."

Wer möchte am Arbeitsplatz schon denselben Bedrohungsstress erleben, der durch Raubtiere ausgelöst werden kann? Dass dies keine günstige Ausgangslage ist, um effizient arbeiten zu können, dürfte wohl jedem klar sein. Es lohnt sich folglich durchaus, das Handy beispielsweise oder auch andere Ablenkungsgeräte in der Zeit, in der wir fokussiert arbeiten wollen, aus unserem Blickfeld zu entfernen. Oder zumindest in einen Ruhemodus versetzen, sodass nur bestimmte, wichtige Anrufe oder Nachrichten durchkommen können. Versuche, Ablenkungen für die Dauer der Ausführung deiner jeweiligen Tätigkeit zu vermeiden. Auch Räume, durch die immer wieder andere Personen laufen und dich gegebenenfalls etwas fragen, sind nicht unbedingt die beste Wahl. Ablenkung ist tatsächlich eine große Falle, in die wir regelmäßig tappen und die uns allerdings nachhaltig schadet. Zu den Nachteilen von Ablenkung zählt, dass wir uns nicht auf das Hier und Jetzt konzentrieren können, stattdessen wandern unsere Gedanken wild umher und geistern in zukünftigen oder vergangenen Ereignissen herum. Wir verlieren nicht nur unseren Fokus, sondern schränken zudem unsere geistige Zuverlässigkeit ein. Und wer kennt das nicht: Man möchte einen Bericht für die Arbeit fertigstellen, leider ist das Thema nicht umwerfend spannend und schon liest man Nachrichten am Computer oder recherchiert für den nächsten Urlaub. In so einem Moment haben wir die Kontrolle verloren, weil wir uns ablenken ließen. Plötzlich scheint jeder Moment eine Ewigkeit zu dauern. Ganz im Gegensatz zum Flow-Zustand, hier vergehen die Stunden wie im Flug und wir bekommen sie überhaupt nicht mit. Wenn wir uns allerdings ablenken lassen, müssen wir uns immer wieder aufs Neue konzentrieren und bemerken, wie langsam die Zeit vergeht. Und das macht es dann anstrengend. Außerdem geraten wir wesentlich öfter ins Stocken und Stagnieren, anstatt die Dinge zügig und flüssig erledigen zu können.Wie du siehst, hat es viele Vorteile, sich ablenkungsfreie Zonen zu schaffen. Denn du wirst das Gefühl von Kontrolle über deine Tätigkeit erlangen, außerdem wirst du einen klaren Kopf bewahren, weil du die ganze Zeit über genau wissen wirst, was du tust und wo deine Energie hinfließt. Die Fähigkeit, dich zu konzentrieren wächst und auch der Fokus auf die Gegenwart ist gegeben.Um deine alltäglichen Aufgaben und Herausforderungen zu meistern, ist es wichtig, sich für das Erreichen des vorgenommenen Ziels eine konkrete Zeitspanne festzulegen. Hierfür eignet sich beispielsweise eine Eieruhr, bei der sich ebenfalls leicht eine Stoppuhr einstellen lässt und die abgesehen davon den Vorteil hat, nicht abzulenken, wie es ein Handy vermutlich tun würde. Es ist sehr wichtig, dass du dich anschließend an die mit dir selbst vereinbarte Zeit hältst und dann auch wirklich deine Tätigkeit beendest. Somit lernst du, dir gezielt für eine Sache Zeit zu nehmen und sie zielbewusst umzusetzen. Gleichzeitig wird es dir beim nächsten Mal leichter fallen, in den Flow-Zustand zu kommen, da du erstens genau weißt, was dich erwartet und du zweitens auf diese Art und Weise eine hervorragende Routine in deine Tätigkeit bekommen kannst, die dir den Einstieg in die Tätigkeit erleichtern wird. Wenn wir eine unliebsame Aufgabe regelmäßig erledigen müssen, gelingt uns das doch viel eher, wenn wir zum einen wissen, dass wir uns dieser Aufgabe nun für dreißig Minuten widmen werden und danach wieder etwas anderes tun können. Zum anderen haben wir gelernt, dass wir nun dreißig, ablenkungsfreie Minuten haben, in denen wir produktiv und zielführend handeln und somit die eventuell lästige Aufgabe hinter uns bringen können. Ansonsten würden wir besagte Tätigkeit den halben Tag über vor uns herschieben, sie hinge wie ein Damoklesschwert über allem, was wir tun sowie allem, was uns Spaß macht und am Ende müssten wir sie schlecht gelaunt und gestresst erledigen.

Entgegen vieler Annahmen gilt Multitasking weniger als Talent oder erstrebenswerte Kompetenz, sondern einfach als ein außerordentlich schnelles hin und her Springen des Gehirns. Wir konzentrieren uns somit nicht auf mehrere Dinge gleichzeitig, sondern hüpfen gedanklich zwischen mehreren Dingen hin und her, wobei das Gehirn diese unterschiedlichen Dinge nur oberflächlich verarbeiten kann. Denn es kann zwar Millionen Bits filtern, aber nur ein paar Dutzend Bits pro Sekunde verarbeiten. Nur, wenn wir uns vollständig auf eine Sache konzentrieren ist unser Gehirn in der Lage, diese eine Sache in seiner Tiefe zu begreifen und zu verarbeiten. So beweisen Studien, dass Menschen, die regelmäßig viele Dinge zur gleichen Zeit gleichzeitig tun, sich wesentlich schwerer tun, sich auf eine Sache zu konzentrieren. Ihr Gehirn lässt sich schlichtweg stärker ablenken und ist weniger kompetent darin, Dinge auszublenden, um sich auf das Wesentliche zu konzentrieren, da es gelernt hat auf jeden Reiz zu reagieren. Außerdem fällt es uns leichter, das Gelernte in andere Kontexte zu setzen, wenn wir während des Lernens auf „Multitasking“ verzichtet haben.

Wie du siehst, hat es weitreichende Effekte, *wie* du lernst, *wie* du an eine Sache herangehst und *wie* viel Aufmerksamkeit du ihr widmest. Wenn du darauf verzichtest, dich auf mehrere Dinge gleichzeitig zu konzentrieren, wirst du sehen, dass du die zu bewältigenden Aufgaben schneller und fehlerfreier handhaben wirst. Und hinzukommt, dass dein Gehirn mit dem Gelernten mehr anfangen und es so auch besser in andere Bereiche übertragen kann. Das Problem beim Multitasking: Es ist unmöglich, einen Flow-Zustand zu erreichen, denn hierbei müssen wir uns auf eine Sache konzentrieren. Auch wenn es vielleicht nicht den Anschein hat, senkt Multitasking die Produktivität um 60 Prozent, wie Miralles und García anführen. Das bedeutet, wenn wir denken, wir würden Zeit sparen, indem wir versuchen, mehrere Dinge gleichzeitig zu tun, tun wir genau das Gegenteil. Wir werden unproduktiver und müssen insgesamt mehr Zeit für die eigentlich zu erledigende Aufgabe einplanen. Außerdem führt Multitasking dazu, dass wir wesentlich mehr Fehler machen, eben weil wir uns im Grunde nicht richtig konzentrieren.

Aber auch im sozialen Kontext hat Multitasking negative Auswirkungen. Wir kennen alle jene Menschen, die auf jede Nachricht ihres Smartphones reagieren müssen und für mehrere Sekunden oder gar Minuten vollkommen abwesend sind. Sie sitzen zwar physisch noch neben uns, sind aber geistig völlig abwesend. Das führt natürlich zu Frustration bei den Anwesenden, aber es führt auch dazu, dass sich besagte Person schlechter auf ihr Gegenüber einlassen kann und Nuancen der Kommunikation verpasst, oder sogar ganze Teile des Gesprächs nicht mitbekommt. Eine gute Freundschaft lässt sich auf einem Umgang, wie diesem, eher schwierig aufbauen. Schließlich möchte niemand während eines realen Treffens mal so eben in die Warteschleife gelegt werden – für eine WhatsApp-Nachricht. Wenn also auch du Freunde und Bekannte hast, die sich gerne von ihren Smartphones aus dem Moment reißen lassen und nahezu süchtig auf jegliche Regung ihres Mobiltelefons reagieren, lege ihnen nahe, dass sie damit weder sich selbst noch dir einen Gefallen tun. Und wenn du es bist, der bei einem erhellten Bildschirm nicht widerstehen kann, versuche aktiv dein Mobiltelefon bei Gesprächen wegzulegen. Stelle es lautlos und stecke es in die Tasche, versuche während der gesamten Kommunikation, während des gesamten Austausches dein Handy nicht zu beachten. Auch wenn es dir anfangs vielleicht schwerfallen mag, solltest du es um deinetwillen und aus Wertschätzung anderen gegenüber tun. Es wird dir mehr Freude bringen und die Augenblicke mit deinen Freunden, deiner Familie und Bekannten bereichernder, inspirierender und erfüllender machen.

Wenn wir im ungestörten Flow sind, erhöht das unsere Kreativität, da wir Feinheiten, Abstufungen und Schattierungen dieser einen Sache erkennen können, dies kann uns anregen, kreativ zu werden, und bringt uns eventuell auf neue Ideen. Ganz im Gegenteil zu einer von Multitasking verzerrten Situation, in der unsere Kreativität definitiv zu kurz kommt. Aber auch das Erinnerungsvermögen lässt nach, denn je intensiver wir eine Sache erleben, desto besser prägt sie sich in unser Gedächtnis ein, da mehr Sinne miteinbezogen werden. Das bedeutet, wenn wir im Flow sind, arbeiten unsere Sinne zusammen und bieten uns nicht nur ein wunderschönes, klar fassbares Erlebnis, sondern sorgen auch noch dafür, dass wir uns in Zukunft gut daran erinnern können.

Meditation zur Beruhigung des Geistes

Um im Zuge der zahlreichen Angebote der digitalisierten und globalisierten Welt und dem Druck immer das Beste aus sich herauszuholen, nicht den Kopf und das eigentliche Ziel aus den Augen zu verlieren, ist es von Vorteil, wenn man seinen Geist und Körper regelmäßig beruhigt. Die vielen, teils negativen Gedanken und die unzähligen Reize, die wir aufgenommen haben, verschleiern oftmals die Sicht auf das Wesentliche. Und genau jene Gedankengänge müssen wir hin und wieder besänftigen und somit unseren Geist von Unnützem befreien und ihn entleeren, beziehungsweise entlasten. Meditation ist einer der Dinge, die den Menschen nachweislich zu dauerhaftem Glück verhelfen können. Sie beruhigt und entschleunigt uns, befreit uns von übermäßigem Stress. Es ist also durchaus lohnend, wenn wir hier einen Blick darauf werfen, wie meditieren zur Stress- und Alltagsbewältigung werden kann. Dass der Mensch seinen Gedanken oftmals etwas zu viel Aufmerksamkeit schenkt, ist an dieser Stelle aber keine neue Entdeckung, im Gegenteil, bereits 300 Jahre vor Christus haben die Menschen bereits erkannt, dass es eine gute Wirkung auf den Geist hat, wenn man lernt, seine Gedanken ziehen zu lassen. Die Schule des Stoizismus widmete sich der Gelassenheit und Besonnenheit, der Logik und auch der Rolle der Emotionen. Wobei Emotionen als etwas gedeutet werden, was man in gewisser Weise kontrollieren sollte.

Es geht hierbei darum, sich nicht aus einer negativen Emotion heraus zu einer Kurzschlussreaktion, die man hinterher vielleicht bereut, verleiten zu lassen. Kontrolle meint hier, die Fähigkeit, die eigenen Emotionen wahrzunehmen, zu hinterfragen und schließlich einzuordnen, sodass man eine Entscheidung anhand von Rationalität und Logik treffen kann. Dass sich nicht aus der Ruhe bringen lassen, den kühlen Kopf bewahren, ist den Stoikern eigen.

Und selbstverständlich etwas, was wir lernen können, indem wir beispielsweise eine gute, wertfreie Verbindung mit unserer Emotionalität pflegen. Wir sollten sie nicht aus unserem Alltag verbannen und uns nur auf unseren Verstand verlassen, wir sollten sie aber auch nicht das Zepter übernehmen lassen. Stattdessen sollten wir zuhören, was sie uns sagen wollen und sie somit auch einfach ernst nehmen. Anstatt sie von vorneherein zu bewerten, sollten wir uns lieber die Frage stellen, worum es gerade geht. Warum fühle ich mich im Moment so? Was möchten mir meine Gefühle sagen? Woher rühren sie? All dies wird unser Handeln beeinflussen, aber auf eine zielführende, wohltuende Art und Weise.Das Ziel einer jeden Meditation ist es, den Kopf freizubekommen. Anfangs wird dir dies vielleicht etwas schwerfallen, vor allen Dingen, wenn du noch keine Übung im Meditieren hast. Lass dich davon allerdings nicht verunsichern! Mit ein bisschen Übung wirst du sehen, dass sich schnell Verbesserungen einstellen. Das Wichtige ist, sich nicht unter Druck zu setzen und nicht zu versuchen, die aufkommenden Gedanken festzuhalten. Konzentriere dich auf deine Atmung und lasse die Gedanken, die dir währenddessen kommen, einfach weiterziehen. Sie spielen im Moment absolut keine Rolle. Nimm eine aufrechte Haltung ein und lasse deinen fokussiere dich auf deinen Atem, das ist die grundlegendste Meditationsübung. So ermöglichen wir es unserem Inneren, sich zu beruhigen und dem Ansturm an Eindrücken, Informationen, Gedanken und Gefühlen Herr zu werden.

Die Naikan-Methode

Es gibt eine ganze Reihe unterschiedlicher Meditations-Methoden. An dieser Stelle soll eine bestimmte Methode aus dem japanischen Raum dargestellt werden: *Naikan*. Naikan setzt sich aus den Wörtern *nai* und *kan* zusammen und bedeutet übersetzt etwas wie „Innenschau", „das Innere betrachten". und siekann dir helfen dein Inneres zu sortieren und Klarheit zu bekommen.

Sobald du das Gefühl hast, soziale Beziehungen zu verlieren oder sie zu verschlechtern, sobald du die Ursache eines Problems mit einer anderen Person nicht ausfindig machen kannst und auch immer, wenn sich das Gefühl einstellt, die anderen seien schuld an deiner Lage, solltest du dir Zeit nehmen, die *Naikan*-Meditation anzuwenden. Denn *Naikan* ist auch eine in der Psychotherapie verwendete Methode, welche die Spiritualität miteinbezieht, um die persönliche und spirituelle Entwicklung zu fördern.

Das Angenehme an der Naikan-Meditation ist, dass sie im Prinzip aus drei wesentlichen Fragen besteht und somit recht gut anzuwenden ist. Die drei Fragen lauten:

1. Was habe ich für den anderen/jemanden getan?
2. Was habe ich von der Person bekommen?
3. Welches Unrecht habe ich der anderen Person gegenüber verursacht?

Wir stellen uns diese Frage bezüglich unserer Beziehungen zu anderen Menschen, sei es im familiären Kontext oder generell im Kontext unseres sozialen, gesellschaftlichen Umfelds. Die *Naikan*-Meditation kann bis zu 15 Stunden dauern, du kannst sie aber natürlich auch in einem kürzeren zeitlichen Rahmen abhalten – je nach deinen Kapazitäten. Nachdem du dir die drei Fragen beantwortet hast, wirst du gegebenenfalls feststellen, dass die Ursache für dein Problem nicht allein bei einer anderen Person liegt, sondern eventuell bis zu einem gewissen Grad auch etwas mit deinem Verhalten zu tun hat. Diese Erkenntnis wird dir die Chance bieten, die Gründe hinter dem Verhalten der anderen Person wahrzunehmen. Und gleichzeitig hast du die Möglichkeit, dein Verhalten zu ändern und somit das Problem zu lösen. Wenn du manchmal den Eindruck hast, nicht wirklich als die Person, die du bist, wahrgenommen zu werden; wenn es dir manchmal schwerfällt eine gute, stabile, langjährige Beziehung aufzubauen, ist die *Naikan*-Meditation eine hervorragende Methode, um Klarheit in deine Situation zu bekommen und sie anschließend zu verbessern.Um die Naikan-Meditation auch im Alltag gut umsetzen zu können, solltest du dir einen ruhigen, ungestörten Raum suchen. Nimm dir auf jeden Fall Zeit, anfangs auch mehr, da du dich erst einmal auf die Methode einlassen musst. Wenn du schließlich geübt bist, kannst du die Zeiträume verkürzen. Bei schwerwiegenden Problemen lohnt es sich dennoch, viel Zeit einzuplanen, damit du gedanklich wirklich in die Tiefe gehen kannst und den eventuell aufkommenden Schmerz annehmen und verarbeiten kannst. Damit du dich wohlfühlst, versuche den Raum schön zu gestalten, hierfür musst du weder viel Geld noch viel Mühe aufwenden. Es reicht, wenn der Raum eine gewisse Ordnung hat und eine angenehme, heimische Atmosphäre. Wie dir das gelingen kann, hängt selbstverständlich sehr von deinem persönlichen Geschmack ab. Dennoch kann an dieser Stelle erwähnt werden, dass Räucherstäbchen gerne im fernöstlichen Raum verwendet werden, um eine spirituell aufgeladene Stimmung zu erzeugen. Gedämmtes Licht und eine entspannende, tranceartige Musik können dich ebenfalls darin unterstützen eine Wohlfühl-Atmosphäre zu schaffen.

Eigentlich wird die Naikan-Methode zu zweit abgehalten, ein Interviewer und ein Interviewter treten sich gegenüber. Das Wichtige ist, dass der Interviewer nicht urteilt, er stellt letztlich nur die Fragen und soll im Idealfall dem Interviewten helfen, offen die Fragen zu beantworten. Dafür sollte dieser einfühlsam und gebildet sein. Die Antworten jedoch werden von dem Interviewten selbst gegeben und nicht von dem Interviewer. Mittlerweile wird die Methode ebenfalls in Krankenhäusern und Rehabilitationszentren genutzt, um Alkoholsüchte, depressive Verstimmungen, mangelnde Sozialkompetenzen und andere Problematiken zu behandeln. Gerade um komplexe, belastete Familienstrukturen aufzudecken, wird die Naikan-Methode gerne zurate gezogen.

Wenn also auch du das Gefühl hast, nicht mehr mit dir selbst im Reinen zu sein und keine gute Verbindung zu dir selbst zu haben, dann bietet es sich an, auch im kleinen Rahmen die Naikan-Meditation zu nutzen. Selbstverständlich gibt es auch die Möglichkeit an einer Naikan-Intensivwoche teilzuhaben, dies ist aber nicht obligatorisch. Neben fehlender Verbindung zu sich selbst, kann die Naikan-Methode auch für verbesserte familiäre, freundschaftliche und im Allgemeinen soziale Beziehungen genutzt werden, sowie für Orientierungslosigkeit und Kommunikationsschwierigkeiten.

Stressminderung mithilfe japanischer Taktiken

Wie wir bereits erfahren haben, ist andauernder nicht enden wollender Stress schädlich. Er schlägt sich sowohl auf unsere geistige als auch auf unsere körperliche Verfassung nieder. Das kann unter anderem dazu führen, dass viele Menschen wesentlich älter wirken, als sie tatsächlich sind. Aber es führt auch dazu, dass der Mensch schneller altert, denn so nimmt Stress Einfluss auf die Telomere, welche an der Zellalterung maßgeblich beteiligt sind. Mehrere Studien, wie etwa eine am Universitätsklinikum Heidelberg durchgeführte Studie, beweisen, dass die Folgen für die Zellen ausgeprägter sind, wenn das Stresslevel besonders hoch ist. Anhaltender Stress vermittelt dem Gehirn in

Alarmbereitschaft zu sein, dies schädigt mit dem Gedächtnis verknüpfte Nervenzellen und hemmt somit die Ausschüttung bestimmter Hormone, was wiederum zu Depressionen führen kann. Der nun gestörte Hormonhaushalt kann allerdings neben Depressionen auch andere Krankheiten, wie Herzbeschwerden und im Extremfall auch Krebs auslösen. Die Verbindung von chronischem Stress und Krebs rührt daher, dass der Körper bei dauerhaftem Stress das Hormon Cortisol ausschüttet; ein lang anhaltend hoher Cortisolspiegel wiederum begünstigt die Bildung von Tumoren. Wie wir sehen können, bleibt es bei andauerndem Stress leider nicht „nur" bei einer bescheidenen, negativen Grundstimmung und Reizbarkeit oder Schlaflosigkeit, sondern kann sich auch auf physischer Ebene niederschlagen und uns maßgeblich gesundheitlichen Schaden zufügen. Besonders Menschen, die im Beruf außerordentlich gefordert sind und einen hohen Leistungsdruck verspüren, sind der Gefahr von Dauerstress ausgesetzt. Natürlich spielen auch weitere Faktoren eine Rolle, wie etwa eine hohe Verantwortung tragen zu müssen, indem man beispielsweise einen Familienangehörigen pflegt, oder wenig Zeit neben der Arbeit für die eigene Freizeit zu haben. Abgesehen von den bereits angeführten potenziellen Auswirkungen von Dauerstress muss an dieser Stelle auch die durch neueste Medien ausgelöste Reizüberflutung genannt werden, denn sie erschwert oder hindert den Körper teilweise sogar daran, zur Ruhe zu kommen und abzuschalten. Die unbegrenzten Möglichkeiten und die nahezu hindernislosen Zugänge zur digitalen Unterhaltungsbranche verlocken ungemein und wer der dauerhaften Versuchung nicht oft genug standhält, setzt seinen Körper dem Dauerstress aus, da sich der Körper nicht erholen kann.Es gibt allerdings einen großen und sehr wichtigen Unterschied zwischen Dauerstress und Stress an sich. Denn kurzzeitiger Stress hat im Gegensatz zu Dauerstress tatsächlich eine sehr positive Wirkung auf Körper und Geist. Der „normale" Stress aktiviert uns, sobald eine geistige oder körperliche Herausforderung vor uns liegt. Der Blutzuckerspiegel steigt kurzzeitig an, der Organismus stellt Energiereserven bereit und aufputschende Hormone wie Adrenalin, Noradrenalin und Cortisol werden ausgeschüttet. Mit diesem Antrieb sind wir potenziell in der Lage die psychische oder physische Herausforderung zu meistern. Doch jene Stresssituationen dauern in der Regel nur kurz an; es handelt sich im Normalfall um wenige Minuten, höchstens ein paar Stunden. Wenn nach so einer Stresssituation der Körper allerdings keine Möglichkeit bekommt, besagtes Stressniveau zu senken, hat das Auswirkungen auf den gesamten Organismus. Neben bereits genannter Folgekrankheiten zeigt sich, dass frühes Altern ebenfalls zu den Folgen von chronischem Stress zählt. Zu den positiven Folgen von einem gesunden Stresslevel allerdings zählt auch die Langlebigkeit. Denn so wurde bewiesen, dass Menschen, die in ihrem Leben Herausforderungen standgehalten und sie gemeistert haben, ein längeres Leben führen im Vergleich zu Menschen, die ein ruhiges Leben geführt und früh in den Ruhestand eingetreten sind. An dieser Stelle schließt sich der Kreis mit den Bewohnern der Insel Okinawa, welche bis ins hohe Alter beschäftigt waren.

Ein japanisches Hilfsmittel, um Dauerstress zu mindern, ist das Baden. Solltest du also eine Badewanne haben, oder zumindest hin und wieder Zugang zu einer Badewanne haben, versuche das nächste Mal, länger als üblich zu baden. Höre dabei eine beruhigende Musik und versuche abzuschalten. Was dir ebenfalls helfen kann, dich zu entspannen, sind gewisse Badesalze, die die Muskelentspannung fördern. Aber auch das tiefe Atmen in einer Stresssituation zur Beruhigung der Nerven und zum Unterbrechen des hektischen Gedankenkreisels können dir helfen, deinen Körper zu entspannen. Ein weiterer Trick in der japanischen Kultur ist eine Kopfmassage mit den Fingern, die leichten Druck ausüben und auch sanfte Dehnübungen für den Körper. In all diesen Tätigkeiten steckt eine gewisse Ruhe, eine gewisse Entschleunigung, die dir helfen werden, deinem Geist und Körper Beruhigung zu schenken, damit der Körper die Produktion von stressbedingten Hormonen zurückfahren kann und somit von seinem Stresslevel hinabsteigen kann. Es ist ebenfalls sehr wichtig, dass du in einer äußerst stressigen Situation auf dich selbst achtest; Achtsamkeit wirkt ebenfalls als stressmindernde Methode. Um folglich andauernden Stress zu verhindern, beobachte dich und deine Reaktionen in einer Stresssituation. Beobachte alles, was dir auffällt; sowohl deine gewöhnlichen als auch die ungewöhnlichen Reaktionen und mache sie dir bewusst. Aus ihnen wirst du deine Schlüsse ziehen können, was du in dem Moment wirklich brauchst, und was dich in diese Stresssituation getrieben hat. Nur mit diesen Erkenntnissen kannst du in Zukunft dauerhaften Stress minimieren oder sogar vollständig verhindern. Achtsamkeit als solches ist eine wunderbare, hilfreiche Methode, um Stress zu bewältigen. Um sie gezielt umzusetzen, gibt es unterschiedliche Möglichkeiten, wie beispielsweise meditieren, worüber wir bereits gesprochen haben. Aber du kannst Achtsamkeit auch auf eine andere Art und Weise für dich nutzen, und zwar, indem du dich in folgenden Situationen auf die bewusste Wahrnehmung deines Körpers fokussierst, wie uns Miralles und García zeigen:

1. Versuche, direkt nach dem Aufstehen den Fokus allein auf dich zu richten und nimm dir die Zeit, die du brauchst, um im jeweiligen Tag anzukommen.
2. Versuche, zwischen zwei unterschiedlichen Tätigkeiten Achtsamkeit zu praktizieren.
3. Versuche, dich zu entspannen und dich auf dich selbst zu konzentrieren, bevor du dich ausruhen oder zu Bett gehen möchtest.
4. Versuche, dich im Rahmen von sportlichen Aktivitäten auf dich zu fokussieren und einen guten Ausgleich zu gewährleisten.

Ein gesunder Körper als Wohlfühltempel der Seele

Ikigai ist mehr als nur ein einfacher Glaubenssatz, denn *Ikigai* liegt eingebettet in einer umfassenden Lebensphilosophie, die sich logischerweise auf die gesamte Lebensweise auswirkt. Dabei spielen Ernährung, Bewegung, Alltagsbewältigung und vieles mehr eine große Rolle. Um also das *Ikigai* erfolgreich zu leben, müssen wir unsere Aufmerksamkeit auch anderen Bereichen widmen, wie etwa dem Körper. Während *Ikigai* auf einer geistigen Ebene vorherrscht, braucht es ebenfalls eine aktive Beziehung zu unserem Körper. Dies lässt sich auch hervorragend mit dem Gedanken der Achtsamkeit in Einklang bringen. Wer achtsam mit der Welt und all ihren Bewohnern und natürlichen Räumen umgehen will, muss erst mal lernen, achtsam mit sich selbst umgehen zu können, und zwar sowohl auf psychischer als auch auf physischer Ebene. Damit sich die Seele eines Menschen entfalten kann und damit sie sich wohl im Körper fühlt, müssen wir uns um unseren Körper kümmern. Hierzu zählt beispielsweise eine ausgewogene und gesunde Ernährung.

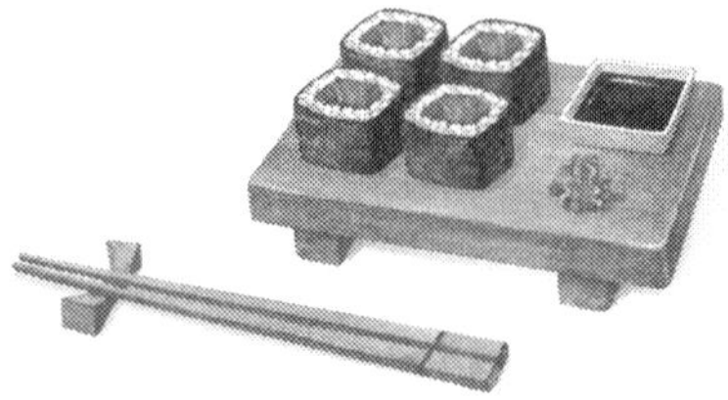

Sushi rice

Wie wir bereits erfahren haben, unterscheidet sich die Ernährungsweise der Bewohner der Insel Okinawa maßgeblich von den Essensgewohnheiten anderer Kulturen – allen voran der Westlichen. Aber auch im Vergleich zum restlichen Japan schneiden die Okinawa-Bewohner gesünder ab. So nehmen sie mit sieben Gramm Salz pro Tag etwas mehr als halb so viel Salz zu sich, wie die übrigen Japaner, die ungefähr zwölf Gramm Salz am Tag konsumieren. In westlichen Hemisphären neigen die Menschen dazu, ihre Ernährung relativ einseitig auszulegen, der Fokus liegt eher auf Fast Food und billiger Produktion – auch wenn sich das gerade zu ändern beginnt. In Okinawa wird stattdessen besonders viel Wert auf Abwechslung gelegt. Möglichst viele verschiedene Gemüse- und Obstsorten sollen auf den Tisch kommen und viele Japaner auf Okinawa pflegen ihren eigenen Gemüsegarten. Der Abwechslungsreichtum der unterschiedlichen Obst- und Gemüsearten sorgt nachweislich für einen gesünderen Organismus und unterstützt den Körper dabei sich frisch und munter zu halten. Dies kannst du unter anderem schlicht und

ergreifend an der Farbe deines Essens erkennen: Ist es bunt? Hast du viele verschiedene Farben auf dem Teller? Je bunter, desto besser! Denn „je bunter" bedeutet Abwechslung. Hinzu kommt auch, dass in Japan nicht gegessen wird, bis der Magen randvoll ist. Stattdessen heißt es „hara hachi bu", was so viel bedeutet wie, man solle so lange essen bis der Magen nur um rund achtzig Prozent gefüllt ist. Das hat den großen Vorteil, dass man sich nicht übersättigt, wie wir bereits in Kapitel eins gesehen haben. Unabhängig davon, ob du Schwierigkeiten mit deiner Ernährung hast oder nicht, lohnt es sich, dir die Frage „Bin ich satt?" zu stellen und aktiv auf ein Sättigungsgefühl zu achten. So kannst du vielleicht das eine oder andere Mal verhindern, dass du dich überisst, und kannst somit deiner Gesundheit einen Gefallen tun. An dieser Stelle soll allerdings betont werden, dass dies definitiv kein Aufruf zum Abnehmen oder zu einer Diät ist. Wie du aussiehst, spielt keine Rolle. Dies ist eine reine Einladung zu einer gesunden, wohltuenden Ernährung, zu einem gesunden Lebensstil, der dir die Chance zu einem glücklichen, ausgewogenen Alltag bietet. Und dies kannst du ganz leicht umsetzen. Wenn du kochst, dann serviere dir dein Essen und stelle das restliche Essen nicht auf dem Tisch, stelle es am besten irgendwo hin, wo es nicht in deinem Sichtfeld liegt. Eine weitere einfache Technik, um zu wissen, wann man aufhören sollte zu essen, ist, den Nachtisch wegzulassen. Das Gefühl von „einer geht noch rein" ist der perfekte Moment, um die Gabel beiseitezulegen und mit dem Essen aufzuhören. Du wirst sehen, dass sich nach kurzer Zeit ein Sättigungsgefühl einstellt und du satt und zufrieden bist. Zu einer gesunden Ernährung zählen unter anderem Obst aufgrund des Reichtums an Vitaminen, Beeren wegen ihrer antioxidativen Wirkung, Olivenöl – hat ebenfalls eine antioxidative Wirkung –, und Gemüse wegen des hohen Wassergehalts. Sollte es dir möglich sein, baue ein wenig Gemüse an. Auch wenn viele von uns in der Stadt leben, ist es möglich, ein wenig Garten- und Gemüsearbeit zu betreiben. Und seien es nur zwei, drei Gemüse-/ Gewürzsorten, wie Ingwer, Tomate, Petersilie und Paprika, die du auf dem Fensterbrett oder dem Balkon ziehst. Das Gießen und Pflegen deiner kleinen – oder auch großen, je nach Kapazität – Ansammlung von Gemüsesorten könnte auch zu einer morgendlichen Routine werden, die dir wiederum helfen wird, leichter in deinen Tag zu starten. Unabhängig davon, ob es möglich ist, ein wenig Obst und Gemüse in deiner unmittelbaren Umgebung anzubauen, lohnt es sich bestimmt im Supermarkt neben den gängigen Obst- und Gemüsesorten vielleicht auch mal etwas in den Wagen zu legen, was man sich sonst nicht kauft. Das wird dein Repertoire an Obst und Gemüse erweitern und somit zu mehr Abwechslung führen. Auch regelmäßiges Bewegen kann dir zu mehr Gesundheit und einem längeren Leben verhelfen. Wie wir bereits festgestellt haben, liegt hierbei der Fokus nicht unbedingt auf Extremsport oder generell dem „Sich-Trainieren", dem „Sich-in-Form-bringen", sondern vielmehr auf einer in den Alltag integrierten, natürlichen Bewegung. Zum Beispiel eine Runde Spazieren gehen oder auch einfach – falls möglich – zu Fuß zur Arbeit gehen. Dies sind einfache Möglichkeiten, um natürliche Bewegung in deinen Alltag einzuplanen. Weitere Möglichkeiten sind, die Treppe zu nehmen, anstatt mit dem Aufzug zu fahren oder einer Freizeitbeschäftigung nachzugehen, die außerhalb der eigenen vier Wände stattfindet, sodass man hin und wieder auch gezwungenermaßen aus dem Haus muss und nicht so leicht vor dem Fernseher versackt.

Mittel gegen Schlaflosigkeit

Auch wenn Schlaflosigkeit in erster Linie ein Symptom darunter liegender Schwierigkeiten ist, solltest du selbstverständlich neben der Ursachenbekämpfung versuchen auch das Symptom zu beheben, um deinem Körper und deinem Geist Ruhe zu verschaffen. Der japanische Verband für nervliche Gesundheit rät hierfür zu unterschiedlichen Maßnahmen. Wenn es dir möglich ist, versuche vor dem Schlafengehen aufregende Tätigkeiten zu vermeiden. Sei es eine aufreibende Fernsehshow, ein tumultartiges Treffen mit Bekannten oder eine Videokonferenz mit dem Chef. Versuche, soweit möglich, vor dem Schlafengehen einer ruhigen, entlastenden, entspannenden Tätigkeit nachzugehen. Mittlerweile ist ebenfalls bewiesen, dass Bildschirme das Schlafengehen hinauszögern und das Schlafen an sich beeinträchtigen. Denn so hemmen gewisse blaue Strahlen des Bildschirmlichts die Ausschüttung des Hormons Melatonin – das Schlafhormon. Um dieses Problem zu umgehen, werden bereits Brillen getestet, die das blaue

Licht filtern, und Bildschirmlicht produziert, welches weniger blaue Strahlen beinhaltet. Aber auch abgesehen von den physischen Folgen von spätem, digitalem Konsum, führen wir unserem Gehirn natürlich bis zum Schlafgehen Informationen zu, die es dann anschließend bearbeiten muss. Verzichten wir allerdings auf großartigen Input, kann sich das Gehirn bereits entspannen und ist somit viel eher bereit in den natürlichen Bewusstseinsverlust-Zustand namens Schlafs einzutauchen. Aber auch dem Körper sollten wir kurz vor dem Schlafengehen kein weiteres Essen zuführen, da er sich andernfalls der gleichen Herausforderung gegenübergestellt sieht, wie unser Gehirn: Er arbeitet zu einem Zeitpunkt, an dem er sich eigentlich entspannen sollte und runter fahren sollte, damit wir einen erholsamen Schlaf genießen können. So solltest du laut dem japanischen Verband für nervliche Gesundheit mindestens drei Stunden vor dem Zubettgehen dein Abendessen zu dir nehmen und danach auf weiteres Essen verzichten. Achte auch darauf zehn Stunden vor dem Schlafengehen das letzte koffeinhaltige Getränk zu dir genommen zu haben. Solltest du bestimmte Routinen oder Angewohnheiten haben, die deinen ruhigen Schlaf fördern, nutze sie gezielt und regelmäßig. In der japanischen Tradition beispielsweise genießt man gerne ein heißes Bad namens *ofuro*. Dieser Brauch existiert bereits seit dem Altertum und hat sich bis in die heutige Zeit gehalten. Selbstverständlich kannst du auch ein wenig Badesalz hinzufügen. Da die Wertschätzung des Moments zu den wesentlichen Zügen der japanischen Lebensrealität gehört, solltest du dich für den heute erlebten Tag bedanken. Versuche außerdem, das Licht ein wenig zu dämmen, und solltest du nach all diesen Dingen nach wie vor Schwierigkeiten haben, so konzentriere dich auf deine Atmung und zähle deine Atemzüge. Das wird dich beruhigen.

Wabi-Sabi und Ikigai

Wie wir bereits wissen, kann uns Wabi-Sabi helfen, bestimmte Standbeine des Ikigai und im Allgemeinen eine Lebensweise mit Ikigai leichter umzusetzen. Allen voran geht natürlich das Leben im Hier und Jetzt, die fünfte Säule von *Ikigai*, und ein wesentlicher Charakterzug von

Wabi-Sabi, sowie das Schätzen der Vergänglichkeit, welche ebenfalls die Konzeption von *Ikigai* maßgeblich beeinflusst hat. Ein paar Tipps, wie du etwas Wabi-Sabi in dein Leben involvieren kannst, hast du bereits in Kapitel 4 bekommen. An dieser Stelle wollen wir aber die beiden Konzeptionen konkret verbinden und in die Tiefe gehen. Wie kannst du nun Wabi-Sabi auch in schwierigen Situationen nutzen, um dein Leben weiterhin nach deinem Ikigai auszulegen? Versuche, es dir zur Gewohnheit zu machen, Wabi-Sabi-Gegenstände in deiner Umgebung zu entdecken, wie Weidner rät. Gerade in komplizierten, schwierigen Situationen kannst du dir somit ein Stückchen Ruhe und Perspektivenwechsel verschaffen. Ein Wabi-Sabi-Gegenstand zeigt uns, dass die Welt ein unvollkommener, nicht perfekter Ort ist. Dies ist eine Erinnerung, die dich hoffentlich in einer schwierigen Situation beruhigen kann. Außerdem lädt uns ein Wabi-Sabi-Gegenstand dazu ein, die Welt aus einem anderen Blickwinkel zu betrachten; er lädt dich ein, dich von dem Streben nach Normierung und Perfektion zu lösen, vielleicht kann dies dein Problem bereits ein Stück weit beheben. Aber auch wenn du dich einfach nicht wohlfühlst, sei es, weil du wegen eines unpassenden Kommentars bezüglich deines Aussehens verunsichert bist, weil du seit längerem nach der Lösung für einen Konflikt suchst oder weil du einfach einen schlechten Tag hast. Auch in solchen Momenten kann es hilfreich sein, einen Moment innezuhalten und in deiner Umgebung nach Wabi-Sabi Ausschau zu halten. Das Unvollkommene, das Unpassende, das Vertraute und Unspektakuläre wird dir vermutlich aus deiner misslichen Lage helfen. Außerdem verdeutlichen und erinnern uns Wabi-Sabi-Gegenstände auch daran, dass unsere Konflikte und Probleme im Allgemeinen vergänglich sind. Sie werden vorüberziehen und eines Tages nicht mehr sein. Und natürlich müssen wir auch nicht auf alles eine Antwort haben, wir müssen nicht alles bis ins kleinste Detail analysieren, hinterfragen und seine Hintergründe und Ursprünge verstehen, manche Dinge sollten wir einfach so annehmen, wie sie sind und uns nicht mehr als nötig den Kopf darüber zerbrechen. Die Erinnerung daran, dass wir den Augenblick als solches schätzen sollen und unsere Schönheit nicht in Makellosigkeit, sondern in unserer Einzigartigkeit liegt – also nicht in dem, was wir mit allen anderen gemeinsam haben, sondern genau in dem, worin wir uns von allen anderen unterscheiden – gibt uns die Möglichkeit uns selbst zu akzeptieren, so wie wir sind. In einer Krisensituation wird uns Wabi-Sabi daran erinnern, dass wir so, wie wir sind, in Ordnung sind, und wir uns weder mit Selbstzweifel plagen sollten noch mit Optimierungsansprüchen eine angepasste Hochglanzversion aus uns selbst kreieren müssen. Wir können in so einem Moment lernen, dass wir nicht immer alles perfekt machen müssen und es für unser Problem eventuell auch keine perfekte Lösung gibt. An dieser Stelle können wir auch eine Verbindung zur dritten Säule von Ikigai herstellen, der Säule des „Loslassens". Zu wissen, dass wir nicht alles regeln können und dass wir die Dinge nicht ausnahmslos kontrollieren können, kann auch eine echte Befreiung sein. Wir müssen nicht perfekt sein, wir können vor allem nicht perfekt sein und die Lösung mancher Probleme liegt darin, dies zu erkennen und einen Moment ziehen zu lassen, eine bestimmte Sache, einen gewissen Gedanken loszulassen. Auch wenn er uns unvollkommen erscheint, ist es nicht unsere Aufgabe aus allem Unvollkommenem Vollkommenes zu schaffen, denn das können wir nicht, selbst, wenn wir es wollten.

Manchmal, gerade wenn wir Großes vorhaben, wird es uns sehr schwerfallen, die Freude an den kleinen Dingen zu finden. Wenn wir unbedingt ein bestimmtes Projekt in der Arbeit schaffen wollen, wenn wir uns ein großes, weit in der Ferne liegendes Ziel gesetzt haben, kann es sehr frustrierend sein, wenn sich keine atemberaubenden Erfolge einstellen. Um in so einem Moment einen kühlen Kopf bewahren zu können, sollten wir lernen, Wabi-Sabi zu nutzen. Denn so erinnert uns Wabi-Sabi zum einen immer wieder daran, dass weder wir perfekt sein müssen, noch das, was wir tun perfekt sein muss, und zum anderen lernen wir unvollständige, unscheinbare Dinge wertzuschätzen. Das bedeutet, wir können uns mit der Hilfe von Wabi-Sabi darin verbessern, kleinere Erfolge, unscheinbare Nebeneffekte einer Sache anzuerkennen und zu schätzen. Wie wir wissen, ist die Freude an den kleinen Dingen eine wichtige Säule des *Ikigai* und somit maßgeblich an dem erfolgreichen Integrieren von *Ikigai* in unseren Alltag beteiligt. Wabi-Sabi kann hier als Methode fungieren.

Indem wir außerdem eine neue Sichtweise für Schönheit entwickeln, wird es uns wahrscheinlich leichter fallen jene in unserem direkten Umfeld zu erkennen und zu bewahren. Wabi-Sabi orientiert sich an den Formen und Erscheinungen der Natur, unser Schönheitsempfinden wird sich somit ebenfalls an Natürlichem festmachen. Zum einen werden wir erkennen, dass wir Gegenstände, die nicht mehr unserer Norm entsprechen, die Gebrauchsspuren haben, aber weiter funktionieren, nicht wegwerfen müssen. Wir werden auch erkennen, dass Dinge, nur weil sie alt geworden sind und nicht mehr dem neuesten, hippesten Standard entsprechen nicht weniger wert sind. Auch sie werden wir nicht mehr aussortieren. Dies alles wird unser nachhaltiges Handeln unterstützen. Aber auch die Natur wird der ein oder andere von uns vielleicht mit anderen Augen sehen, da wir nun umso mehr wahrnehmen wie schön sie ist – und das wird genau der richtige Ansatz sein, um sie noch motivierter zu schützen. Auch die dritte Säule von Ikigai, Harmonie und Nachhaltigkeit, kann durch Wabi-Sabi erweitert und unterstützt werden – zum Wohle aller.

Gerade anfangs sprachen wir über ermüdende Tretmühlen, das anhaltende Gefühl innerer Leere und Orientierungslosigkeit im Alltag. Doch wie können wir nun konkret jene Vorkommnisse aus unserem Leben streichen? Und wie können uns Wabi-Sabi und Ikigai dabei helfen? Orientierungslosigkeit im Speziellen, aber auch innere Leere können daher rühren, dass wir uns zum einen von zu vielen Angeboten überrennen lassen und am Ende überhaupt nicht mehr wissen, was wir wirklich brauchen und wollen. Und zum anderen können sie aus dem unersättlichen Gefühl entstehen, wir müssten möglichst viel und auch das tun, was von uns erwartet wird, um ein wertvolles Mitglied der Gesellschaft sein zu können. In beiden Fällen spielen auch die zum Teil enormen Ansprüche eine Rolle, die wir, aber auch die Gesellschaft uns auferlegen. So wollen wir unsere Zeit ideal nutzen, immer auf dem neuesten Stand sein und ein angepasstes, der Norm entsprechendes Leben führen. Denn das ist es, was viele schließlich als lebenswert erachten: angepasst zu sein und Dinge möglichst makellos zu tun beziehungsweise so zu erledigen, wie es die anderen tun. Wie wir bereits erfahren haben, wird uns das *Ikigai* helfen, besser zwischen all den

Angeboten zu differenzieren und auszusortieren. Es wird uns ebenfalls darin unterstützen unsere Entscheidungen so zu treffen, dass sie uns Gutes tun und weniger, dass sie gesellschaftlich akzeptiert, weil normiert, sind. Wabi-Sabi wird dir die Möglichkeit bieten zu akzeptieren, dass du ein fehlbares, unvollkommenes, einzigartiges Lebewesen bist. Aufgrund deiner Einzigartigkeit wirst du die Dinge anders erledigen, als dein Kollege. Du wirst einen individuellen Weg einschlagen, um das Problem zu lösen oder um das Projekt zu Ende zu führen. Und das macht es imperfekt, aber besonders und individuell – nicht vollständig angepasst. Gleichzeitig lädt dich Wabi-Sabi dazu ein, solltest du dich das nächste Mal orientierungslos fühlen, zu versuchen, Abstand von dem Trubel zu gewinnen. Versuche, einen ruhigen Moment entstehen zu lassen und deine Umwelt auszublenden. Versuche, deine aufkommenden Gedanken und Gefühle wertfrei zu betrachten, sie einfach wahrzunehmen, ohne sie in eine Schublade zu stecken. Dann sehe dich in deinem Alltag sowie in deiner Umgebung um und halte nach Wabi-Sabi Ausschau. Es wird dir die Möglichkeit bieten eine neue, leicht veränderte Perspektive einzunehmen und in all den Angeboten, die wie eine große Welle über dir zusammengeschlagen sind, auszuwählen, zu filtern. Ein wichtiges Standbein von Wabi-Sabi ist die gewonnene Freiheit, die durch das Anerkennen der Einzigartigkeit entsteht. Es völlig normal im Alltag unterschiedliche Rollen einzunehmen. So sind wir manchmal Kollege, Freund, Ärztin, Vater, Nachbarin, Bruder und vieles mehr. Vielleicht hast du bereits bemerkt, dass du dich in der Gegenwart deines Partners anders verhältst, als wenn du einkaufst und einfach nur Kunde bist. Auch wenn du bei deinen Eltern zu Besuch bist oder wenn du deine Kinder ins Bett bringst, verhältst du dich anders. Wir nehmen den ganzen Tag über unterschiedliche Rollen ein, je nach Situation. Und das ist selbstverständlich normal und auch wichtig, schließlich können wir mit unseren Kollegen nicht so reden, wie mit unseren Kindern. Dennoch hast du vielleicht manchmal das Gefühl dich in all diesen unterschiedlichen Rollen sowie Funktionen irgendwie verloren zu haben und stellst dir vielleicht die Frage: Wo bin ich eigentlich zwischen all den Anforderungen, denen ich gerecht werde? Wabi-Sabi fordert dich dazu auf, dir einen Moment Zeit zu nehmen. Suche dir Stift und Papier und einen ruhigen, ungestörten Platz. Anschließend gehe deine unterschiedlichen

Tätigkeiten und Beschäftigungen durch und notiere deine Rollen und die Anforderungen, denen du in so einem Moment gerecht werden muss. Notiere schließlich die deiner Meinung nach wichtigsten Rollen auf einem Blatt Papier und betrachte sie eine Weile. Eventuell erkennst du bereits Gemeinsamkeiten. In einem nächsten Schritt überlege dir, wie Christopher Weidner vorschlägt, welche positiven Eigenschaften dir in jeder einzelnen Rolle zur Hilfe kommen. Welche positiven Eigenschaften kannst du vorweisen, die dich in dieser Position stärken und dich unterstützen? Kannst du besagte Eigenschaften auch für die anderen Rollen einsetzen? Wie sehr fühlst du dich in der Rolle widergespiegelt? Was kannst du tun, um dies gegebenenfalls zu ändern? Wie authentisch bist du in dieser Rolle? Wichtig ist, dass dein Ich im Zentrum all jener Dinge steht. Nach außen mag es vielleicht so wirken, als gäbe es viele verschiedene Dus, aber in Wirklichkeit sind dies alles Facetten deiner Persönlichkeit, in dessen Zentrum dein Ich steht, dein einziges Ich. Falls du dich verloren fühlst, nicht aufgehoben und zerrissen zwischen all deinen Aktivitäten, Herausforderungen und Anforderungen, solltest du diese Taktik ausprobieren und dir von Wabi-Sabi helfen lassen. Auf der einen Seite ist es natürlich bis zu einem gewissen Grad notwendig, dass wir in verschiedene Rollen schlüpfen, auf der anderen Seite allerdings, drängen uns die unterschiedlichen Rollen in der jeweiligen Situation in eine bestimmte Richtung. Es ist die Richtung, die uns funktionieren lässt, indem wir uns anpassen – auf Kosten unserer Individualität. Aber gerade sie macht uns umso authentischer und erleichtert uns unseren Alltag in großem Maße, da wir einfach wir sein können. Und wie Christopher Weidner so schön sagte: „Wabi-Sabi kann Ihnen helfen, sich zu erinnern, dass es etwas in Ihnen gibt, das unverwechselbar und einzigartig ist, etwas, das nur Sie verkörpern können, jenseits aller Vorgaben und Bedingungen, die von außen an Sie herangetragen werden." Dieses Anerkennen unserer Individualität und Unverwechselbarkeit wird uns helfen ins Reine mit uns selbst zu kommen, es wird uns helfen Selbstzweifel zu minimieren oder gar vollständig abzulegen. Gleichzeitig erinnert es uns erneut daran, dass wir uns nicht über das, was die Welt an uns heranträgt, definieren lassen sollten und dass wir auch ohne den Ansprüchen gerecht zu werden, ohne zu funktionieren, etwas wert sind. Dank unserer Einzigartigkeit sind wir ein wertvolles Mitglied der

Gesellschaft und nicht dank unserer Angepasstheit. Gleichzeitig wirst du, nachdem du dich mit deinen Rollen auseinandergesetzt hast, feststellen, dass du keine dieser Rollen perfekt erfüllen kannst. Ein weiterer wichtiger Wesenszug des Wabi-Sabi: Niemand kann etwas perfekt machen. Und das müssen wir auch nicht.

Sowohl für die Konzeption des Wabi-Sabi als auch für den Gedanken hinter Ikigai ist es von großer Bedeutung, die Gegenwart vorrangig zu schätzen, und den Fokus auf sie zu legen. Es ist unumstößlich, dass wir unsere Energie auf den heutigen Tag richten, auf das, was unmittelbar vor uns liegt. Wenn wir dies nicht tun und unsere Gedanken wehmütig in der Vergangenheit oder ängstlich in der Zukunft verweilen, werten wir die Gegenwart zu einem unbedeutenden Moment zwischen zwei Orientierungspunkten herab. Wir würdigen sie auf Zweitklassiges herab. Aber in Wirklichkeit ist sie es, die unsere Aufmerksamkeit in vollem Umfang verdient hat, denn die Vergangenheit können wir nicht verändern und die Zukunft nur bedingt beeinflussen, denn so spielen natürlich auch immer andere, unvorhersehbare Faktoren die Zukunft betreffend eine Rolle. Wabi-Sabi lehrt uns, dass es nur eine Sache gibt, die wir verändern und beeinflussen können und das ist die Gegenwart, dass Hier und Jetzt, die fünfte Säule des *Ikigai*.

Ein großartiges Beispiel aus der japanischen Kultur, um die Schnittstellen und Gemeinsamkeiten von Wabi-Sabi und die fünf Säulen des *Ikigai* zu verdeutlichen, ist die Teezeremonie. Diese sehr geschätzte Zeremonie ist ein wichtiger Teil der japanischen Kultur, der noch heute sehr lebendig ist. Das typisch japanische Teetrinken verkörpert auch im Einzelnen die fünf Säulen des Ikigai. Es beginnt damit, dass im traditionellen Sinn der Meister den Raum vorbereitet und ihn hierfür schmückt. An dieser Stelle können wir die Säule des „klein anfangen" erkennen. Die Vorbereitung einer großen Sache, das dezente Schmücken ist der erste Schritt für die Zeremonie. In einem zweiten Schritt werfen wir einen Blick auf die Einstellung der Gäste. Hier ist es von besonderer Wichtigkeit, dass diese Demut beweisen. Vor jeder Zeremonie waschen sich die Gäste ihre Hände, ihr Gesicht und ihren Mund. Dies soll dabei helfen, symbolisch die Sprache zu säubern und außerdem den Staub der

Welt loszuwerden. Anschließend betreten sie einen Raum, der ordentlich gereinigt wurde, und haben hier die Möglichkeit, sich ein wenig näher kennenzulernen. Der Meister bittet seine Gäste schließlich in den eigentlichen Raum, in dem die Teezeremonie stattfinden wird. Diesen Raum betreten die Gäste in einer demütigen Haltung, da es um eine spirituelle Wertschätzung geht. Die Ergebenheit der Gäste zeigt uns, dass auch die Säule des „Loslassen" ihren Weg in die Teezeremonie gefunden hat. Dadurch, dass sich die Gäste bereits kennenlernen, wird es ihnen vermutlich etwas leichter fallen, sich auf eine spirituelle, geistige Verbindung einzulassen. Diese Verbindung ermöglicht es ihnen, loszulassen. Traditionellerweise werden in die Jahre gekommene Tassen verwendet, sie haben einen altertümlichen, traditionellen Wert und verkörpern die Säule von „Harmonie und Nachhaltigkeit". Denn anstatt immer wieder neuestes, trendiges Geschirr zu verwenden, wird Wert auf die bereits gebrauchten, alten Tassen gelegt, was eindeutig dem Geist der Nachhaltigkeit entspricht. Bei einer Teezeremonie steht die „Freude an den kleinen Dingen", die vierte Säule, im Vordergrund, denn bei einer Teezeremonie geht es nicht um viel Schnickschnack – dies war tatsächlich bis zum 15. Jahrhundert der Fall – sondern um das Zusammenkommen der Menschen, um einen friedlichen, harmonischen Austausch und um eine Verbindung auf spiritueller Ebene. Das bedeutet, dass der Raum sinnlich sowie dezent vorbereitet und geschmückt wurde, mit der Liebe zum Detail. Und daran wiederum können sich die Gäste erfreuen. Und zu guter Letzt bringt eine Verknüpfung auf spiritueller Ebene automatisch das „Loslassen", das Leben im Hier und

Jetzt mit sich. Denn so wird der Moment des Teetrinkens mit Achtsamkeit gefüllt und mit dem Aufnehmen des gesamten Ereignisses. Die Gäste geben traditionellerweise Waffen und andere Geräte ab, bevor sie den Raum der Teezeremonie betreten, um sich vollständig auf das Teetrinken und die geistigen Verbindungen mit den anderen Gästen einzulassen. Somit ist auch die letzte, die fünfte Säule Teil einer traditionellen, japanischen Teezeremonie. Wichtig ist ebenfalls, dass bei einer Teezeremonie kaum bis gar nicht gesprochen wird. Der Fokus liegt schließlich auf einer Begegnung, die sich auf einer spirituellen Ebene abspielt. Und wie hängt diese Teezeremonie nun mit *Wabi-Sabi* zusammen? Wie bereits erwähnt wird im heutigen Sinn der Teeraum mit dezenter Dekoration vorbereitet, dies hat viel mit Wabi-Sabi zu tun.

Als die Teezeremonie jedoch im 12. Jahrhundert unter chinesischen Mönchen ihren Ursprung fand, entwickelte sie sich vorerst zu einem elitären Treffen, das heute am ehesten mit einem Golfklub zu vergleichen ist. Denn so fand die Teezeremonie ihren Weg nach Japan, da der Adel vordergründig seinen Genuss bei der Wertschätzung des Tees fand. Mit der Zeit ging damit der ursprünglich spirituelle Gedanke verloren, und die Teezeremonie entwickelte sich zu einer adeligen, elitären Angelegenheit. Im 15. Jahrhundert jedoch erhielt dank des Mönchs Ikkyū die Spiritualität, Demut und Dezenz wieder Einzug in traditionellen Umgang mit Tee. Den Moment zu genießen und ihn als etwas Wertvolles auszukosten, geriet wieder in den Fokus – ganz im Sinne des Wabi-Sabi. Auch andere Mönche schlossen sich ihm an und führten fort, was Mönch Ikkyū begonnen hatte: Die Teezeremonie wurde wieder persönlich gemacht; für Menschen, die nach Meditation, Achtsamkeit, Spiritualität, Ruhe und das Betrachten von Schönem suchten und die Vergänglichkeit zu schätzen wussten. Die Teezeremonie wurde zu Wabi-Sabi. Dies zeigt sich unter anderem an dem wiederverwendeten, geschichtsträchtigen Geschirr, an der Dekoration und an dem Fokus sich auf den Moment einzulassen und jegliche Rahmenbedingungen auszublenden. Wie du erkennen kannst, vereint die Teezeremonie großartiger Weise den Geist von *Wabi-Sabi* und *Ikigai* und bietet dir die Möglichkeit somit beide Konzepte konkret in deinen Alltag zu integrieren. Und wie du das bewerkstelligen kannst, erfährst du hier:

Um eine traditionelle japanische Teezeremonie durchzuführen, braucht es, wie wir gesehen haben, viel Erfahrung und die entsprechenden Mittel. Da ist natürlich im Alltag, allen voran im westlichen Alltag bei Weitem nicht immer möglich. Dennoch gibt es Mittel und Wege auch in deinem Alltag eine kleine Teezeremonie, angepasst an die westliche Kultur und die Gegebenheiten, zu installieren. Eine Möglichkeit kann zum Beispiel sein, dass du mithilfe von aufstellbaren Trennwänden einen kleinen Bereich deines Wohnraums abtrennst. Diesen kleinen Bereich versetzt du nun in eine angenehme, spirituelle Stimmung. Sitzkissen, Räucherstäbchen und den ein oder anderen Wabi-Sabi-Gegenstand kannst du hierfür bestens verwenden. Suche dir schlichtes, schönes Geschirr, das dem Geist des Wabi-Sabi entspricht, und bereite es für deine Gäste vor. Lade sie anschließend ein, sich auf die Idee einer Teezeremonie einzulassen. Das bedeutet so wenig wie möglich zu reden, um sich auf einer anderen, spirituellen Ebene zu begegnen. Da dies in westlichen Hemisphären allerdings eher unüblich ist, kannst du diese Regel natürlich variieren und anpassen, indem du beispielsweise deine Gäste bittest, bestimmte Themen, wie Politik, Religion, Tagesgeschehen und Tratsch und Klatsch wegzulassen. Stattdessen bitte sie, dass sie etwas Persönliches von sich erzählen, so trefft ihr euch auf einer verbindenden Ebene und es wird eure Beziehung erweitern und vertiefen. Gleichzeitig entsteht ein Moment der Achtsamkeit, der Harmonie und Ruhe. Wenn alle Beteiligten sich darauf einigen können, während der Teezeremonie auf ihre digitalen Geräte oder andere Ablenkungsfallen zu verzichten, kann auch ein schöner Augenblick der Entschleunigung entstehen. Das Sein im Hier und Jetzt kommt ebenfalls hervorragend zur Geltung. Wenn du in einer stressigen, gehetzten Zeit festsitzt, dich allerdings gerne mit deinen Freunden verabreden möchtest, könnte eine entspannende, ruhige Teezeremonie angelehnt an die japanische Kultur und Tradition genau das Richtige sein. Je nachdem wie du sie auslegen möchtest, bedarf es nicht viel Vorbereitungszeit. Und du kannst ein paar schöne, erfüllende, inspirierende Augenblicke mit deinen Freunden genießen. Ohne Hast, ohne Stress, ohne Hektik. Stattdessen mit Genuss, Ruhe und Entspannung.

Zehn goldene Anhaltspunkte

Es gibt unterschiedliche Methoden, um dein *Ikigai* zu finden. Jeder Mensch ist anders und viele Dinge mögen für dich funktionieren, für deinen Partner oder eine andere Person wiederum weniger. Trotzdem gibt es natürlich einige Leitfäden, an denen du dich orientieren kannst. Das Wichtigste ist, dass du hierbei immer bei dir selbst bleibst und abschätzt, inwieweit dir besagte Sache nun guttut oder nicht. Auch wird sich dein Lebensweg mit Ikigai nicht von heute auf morgen radikal ändern. Stattdessen wirst du mit kleinen Schritten beginnen, Dinge anders zu machen, weil du sie auf eine veränderte Art und Weise betrachten wirst. Die Veränderung wird nicht mit Pauken und Trompeten eintreten, sodass sie jeder sehen und bewundern kann, stattdessen wirst du mit dem Geist von Ikigai Schritt für Schritt, langsam beginnen, deinen Alltag, deinen Beruf, deine Freizeit umzugestalten, an deine wichtigsten Bedürfnisse anzupassen und an manchen Ecken den Ballast abzuwerfen. Du wirst dich über die kleinen ersten Erfolge freuen, über die kleinen ersten Verbesserungen. Über die Lichtblicke in Situationen der Orientierungslosigkeit, über das eintretende Gefühl von Wärme und Geborgenheit, welche den Anflug innerer Leere aufhalten. Jedes einzelne Teil deines Ikigai ist für sich genommen kein vollständiges Lebensziel, kein abgerundeter Glaubenssatz, der dir in allen Lagen helfen kann. Aber als großes Ganzes, wenn du all deine Elemente des Ikigai zusammenfügst, werden sie harmonieren und dir ein starkes, krisensicheres *Ikigai* bieten. Nachfolgend findest du zehn zum Teil von Miralles und García inspirierte Leitsätze für ein schönes, erfülltes Leben mit *Ikigai*.

1. Mach dir keine Sorgen

Damit ist gemeint, dass du dir nicht über alles noch so Unwichtige den Kopf zerbrechen solltest. Lasse manche Dinge einfach ziehen und nehme sie so an, wie sie sind. Versuche dir ein junges Herz und eine kindliche Herangehensweise zu bewahren. Begegne den Menschen in deiner Umgebung mit einem Lächeln und biete ihnen einen Platz in deinem Herzen. Denn so werden sie bei dir *sein* wollen und auch bei dir *bleiben* wollen. Deine Kinder und Enkel werden bei dir sein. Und selbstverständlich ist eine gute Portion Spaß im Leben die beste Möglichkeit, um Sorgen und Griesgrämigkeit zu vertreiben. Versuche folglich auch in schwierigen, stressigen Zeiten etwas Spaß zu haben, er sollte niemals zu kurz kommen.

2. Wabi-Sabi-Momente suchen und sie gezielt in den Alltag integrieren

Dass Wabi-Sabi in deinem Leben Platz finden darf, haben wir bereits thematisiert und soll an dieser Stelle nur der Vollständigkeit halber erwähnt werden. Zusammenfassend können wir festhalten, dass es sich lohnt, wenn du zulässt, dass nicht alles makellos sein muss. Entledige dich von überflüssigen Gegenständen in deiner Wohnung, die du nur hast, damit du sie besitzen kannst und zeigen kannst, dass du fähig bist, dir Besitz anzueignen. Konzentriere dich auf das Wesentliche und akzeptiere die Veränderung. Akzeptiere sie nicht nur, sondern erkenne, dass sie das Leben lebenswert macht. Denn sie ist das Zeichen der Entwicklung, des Fortschritts und des Verfalls – alles Eigenschaften eines lebendigen Daseins. Stehe zu dir und deiner Individualität und gestehe dies auch anderen zu. Löse dich von der Angst, Dinge zu verlieren, nur weil sie vorüberziehen, stattdessen sei dankbar dafür, dass sie da gewesen sind und deinen Weg gekreuzt haben. Bleib flexibel im Geist und lasse dich immer wieder auf einen imperfekten Perspektivenwechsel ein. Das Schöne im Leben wirst du nicht in optimierten, perfektionierten und spiegelglatten, makellosen Dingen finden – und deswegen dürfen auch dein Leben und deine Entscheidungen unvollkommen und natürlich sein.Die fünf Säulen des Ikigai wahren

Die Wahrung der fünf Säulen von Ikigai wird dir und deinem Ikigai Stabilität geben. Hinzu kommt, dass du somit deinem Ikigai immer wieder neue Energie zuführen kannst und es lebendig halten kannst. Mit dem Umsetzen der fünf Säulen in deinem Alltag bietest du deinem Ikigai eine ideale Möglichkeit zu wirken und sich zu entfalten.

3. Den Körper und Geist pflegen

Dein Körper und dein Geist führen eine eng verwobene Beziehung zu einander, sie gehören zusammen. Es ist sehr wichtig, dass du beides pflegst: Scheue dich nicht vor positiven Herausforderungen, sondern versuche an ihnen zu wachsen und über dich selbst hinaus zu wachsen, indem du jedes Mal versuchst besser zu sein, als du gestern warst. Gleichzeitig ist es wichtig, dass du versuchst Überforderung auf ein Niveau herunter zu brechen, welches du gut erreichen kannst, damit du Mutlosigkeit und Antriebslosigkeit unterbinden kannst. Wenn dir eine Aufgabe zu schwierig erscheint und wenn du das Gefühl hast, dass besagte Aufgabe weit über deinen Kompetenzen liegt, dann überlege dir, wie du sie in kleinere Teile zerteilen kannst, um sie zu schaffen. Eigne dir eine wohltuende, gesunde Ernährung an, damit dein Körper voll funktionstüchtig und fit ist und damit du dich wohlfühlen kannst. Gleichzeitig minderst du dadurch auch das Risiko für bestimmte gesundheitliche Beschwerden und erhöhst deine Chance auf gesunde Langlebigkeit. Aber auch regelmäßige Bewegung gehört zur Pflege deines körperlichen Wohlbefindens, sprich eine natürliche Bewegungsroutine. Versuche, wenn möglich, zu Fuß bestimmte Dinge zu erledigen, wie zur Arbeit zu laufen, einkaufen zu gehen oder einen Garten zu pflegen.

4. In regelmäßigen Abständen deine Lotusblüte prüfen und pflegen

Deine Lotusblume ist genauso wie alles andere an *Ikigai* lebendig und wandlungsfähig. Natürlich ist sie nicht in Stein gemeißelt, das bedeutet für dich, dass du sie immer mal wieder überprüfen solltest. Sobald du merkst, dass du dich mit Dingen, die du gerne getan hast und die dir gutgetan haben, nicht mehr identifizieren kannst oder Unwohlsein verspürst, ist es an der Zeit, dir die Fragen der Lotusblume zu stellen. Gegebenenfalls wirst du an manchen Stellen Veränderungen bemerken und die Antworten vereinzelt abwandeln. Und das ist auch völlig in Ordnung! Sei dir immer bewusst, dass *Ikigai* kein Motor ist, den du einmal startest, und dann läuft er. Im Gegenteil, du musst dein *Ikigai* pflegen, indem du es nährst und bewusst damit umgehst.

5. Gute Angewohnheiten

Gute Angewohnheiten sind insofern wichtig, als dass wir uns auf sie freuen können und sie uns eine angenehme Routine ermöglichen. Sei es das Pflegen eines Gartens, morgendliche Gymnastik oder ein regelmäßiger Spaziergang. Im Grunde spielt es keine Rolle, *was* wir tun, sondern nur, dass es uns Spaß macht und guttut. Diese wohltuenden Angewohnheiten motivieren uns unter anderem, unseren Tag zu beginnen, sie bilden aber auch einen hervorragenden Gegenpol zu unangenehmen, nervenaufreibenden Tätigkeiten, die wir teilweise nun mal erledigen und auf dem Weg zu unserem Ikigai meistern müssen. Doch es wird uns wesentlich leichter fallen, Unangenehmes hinter uns zu bringen, wenn wir uns gleichzeitig auf etwas anderes Schönes freuen können. Und wir werden viel Kraft aus diesen guten Angewohnheiten schöpfen können. Sie schaffen die Basis für ein gesundes Gleichgewicht, sodass uns nichts so schnell aus der Bahn wirft.

6. Soziale Kontakte pflegen

Die Pflege deiner sozialen Kontakte hält nicht nur dein Herz, sondern auch deinen Geist vital. Der Austausch und die Kommunikation mit anderen Menschen gilt als Lebens verlängernder Faktor. Unser Geist benötigt es, gebraucht zu werden, er braucht es in Bewegung zu bleiben und Informationen auszutauschen. Das bedeutet nicht, dass du dich unkontrolliert mit Informationen überhäufen solltest, sondern, dass du dich mit deinen Freunden, deiner Familie, einfach den Menschen, die dir guttun, auseinandersetzt. Nimm dir regelmäßig Zeit, dich mit wichtigen Menschen ungezwungen zu verabreden, es muss nichts Großes sein und ihr müsst auch nichts Berauschendes veranstalten. Es geht einzig um den Kontakt, die Kommunikation und den Austausch. Das Gefühl in einem sozial stabilen, gemeinschaftlichen Umfeld zu leben, wird dir viele dunkle Momente erhellen und dir Sicherheit und Vertrauen bieten. Gute Freunde sind die beste Auffangstation in einer Krise und die verlässlichste Quelle, wenn du Hilfe brauchst oder über etwas hinwegkommen musst. Vereinsamung wird dich unglücklich und unzufrieden machen. Und wie wir bereits wissen: Isolation ist Gift.

7. Ruhe – regelmäßige Stressminderung

In einer hektischen und schnellen Zeit ist es von großer Bedeutung den Geist und das Gehirn regelmäßig bewusst zur Ruhe kommen zu lassen, gerade dann, wenn dein Alltag dies schwer zulässt. Wie wir gelernt haben, kann dir anhaltender Stress dauerhaft Schaden zufügen. Deswegen ist es besonders wichtig, dass du dir für deinen Alltag passende Methoden aneignest, um regelmäßig von deinem Stresslevel herunter klettern zu können. Seien es handyfreie Stunden, ein beruhigendes Bad oder einfach mal einen Moment für dich zu genießen, ganz im Sinne von Wabi-Sabi. Selbstverständlich können auch Augenblicke der Achtsamkeit Stress mindernd wirken, wie Yoga, ruhige Dehnübungen oder Meditation. Sportliche Tätigkeiten im Allgemeinen, aber auch ruhige Momente vor dem Schlafengehen und nach dem Aufstehen wirken eindeutig Stress reduzierend.

8. Natur

Wir Menschen gehören zur Natur, sehen uns aber gerne als etwas außerhalb der Natur angesiedelt. In Wirklichkeit sind wir aber ein Teil von ihr und brauchen sie. Von daher wird es sich für dich lohnen, immer wieder gezielt Kontakt zur Natur aufzusuchen – falls du es nicht ohnehin schon tust. Für uns Stadtmenschen rückt die Natur manchmal in den Hintergrund und wir finden zwischen all der Hektik, den Anforderungen und Terminen keine Zeit uns eine kleine Verschnaufpause in der Natur zu gönnen. Versuche daher, die Natur in deinen Alltag, in deine Umgebung mit einzubeziehen. Beginnen kannst du beispielsweise mit ein paar Pflanzen, obwohl diese natürlich keinen Wald ersetzen. Aber auch einen gemeinschaftlichen Garten zu pflegen, kann dir eine großartige Möglichkeit bieten, regelmäßig mit der Natur in den Kontakt zu kommen. Auch kleine und große Ausflüge mit geliebten Menschen können dich erden.

9. Achtsamkeit, was brauche ich wirklich? Was sind meine Bedürfnisse? Worauf kann ich verzichten?

Die große Auswahl einer digitalisierten und globalisierten Welt ist eine Chance, aber auch eine Herausforderung. Denn es bedeutet für uns, dass wir uns jeden Tag aufs Neue damit auseinandersetzten müssen, was wir brauchen, was wir wollen und was zu uns und unseren Bedürfnissen passt. Es ist somit wichtig, dass du einen Blick und ein Gefühl dafür entwickelst, was zu dir passt und dann auch danach handelst. Selbst wenn du damit aus der Reihe tanzt, denke daran, deine Individualität ist ein Geschenk und keine Bürde. Schenke dir regelmäßig Momente der Achtsamkeit, indem du nur für einen kurzen Augenblick, etwa fünf Minuten, innehältst und in dich hineinhorchst, wie es dir gerade jetzt, in dieser Sekunde geht. Gehe bewusst und zielorientiert mit deinen Bedürfnissen um. Wie du bereits erfahren hast, ist Meditation eine gute Methode, um einen Moment der Achtsamkeit und Ruhe zu kreieren. Es sind jene Momente, die deinem Leben Ruhe und Sinn verleihen. Denn wenn wir nie innehalten, wenn wir uns nie eine Verschnaufpause gönnen, verlieren wir irgendwann den Kontakt zu uns selbst. Wir werden irgendwann nicht mehr wissen, was wir wirklich brauchen. Achtsam mit sich selbst umzugehen, bedeutet auch immer, mit sich selbst in Kontakt zu bleiben.

Das Glück in deinem Leben wirst du finden, wenn du lernst, dich zu akzeptieren und dich anzunehmen – so wie du bist. *Ikigai* wird dein Leben verändern, da du wissen wirst, warum du bestimmte Dinge tun solltest und warum nicht. Es wird dich selbstbewusster machen, weil du sicher hinter deinen Entscheidungen stehen wirst. Es wird dir ein Lächeln auf dein Gesicht zaubern, weil du gefunden hast, was dich erfüllt, was dich glücklich macht. Es wird dir Kraft geben und dich stärker machen, weil du wissen wirst, weswegen du aufgestanden bist und was du vom Leben erwartest. Es wird dir durch dunkle, leere Momente helfen, denn es wird dich daran erinnern, was deine Aufgabe, was deine Leidenschaft und was deine Berufung ist. *Ikigai* wird dir helfen zu verstehen, warum du hier bist und was du zu tun hast, aber auch, was du tun *möchtest*. Und wenn du deinen Motor im Leben gefunden hast, wirst du fähiger sein, Schritt für Schritt kleine Veränderungen vorzunehmen, die in großen Entwicklungen enden können.

Achte darauf, dass deine Morgen- und Abendroutine jeweils einen angenehmen Anfang und ein wohltuendes Ende des Tages darstellt. Das ist natürlich nicht immer möglich, denn manchmal kommt uns etwas Unerwartetes dazwischen. Dennoch lädt dich *Ikigai* ein, deinen Morgen möglichst mit einer dir wohltuenden Routine zu beginnen, damit du motiviert in den Tag starten kannst und in einer idealen Ausgangssituation bist, den Herausforderungen des Tages standzuhalten. Und auch abends empfiehlt eine Lebensweise mit *Ikigai*, dass du dir eine Beschäftigung aneignest, die dir Ruhe gönnt. Es ist wichtig, dass sich dein Körper und dein Geist entspannen können, denn das wird dein Stresslevel senken – somit deiner Gesundheit zugutekommen und Schlafprobleme mindern, denn du wirst nun einen erholsamen Schlaf genießen können. Dieser wiederum unterstützt deine Ausgeglichenheit und Stärke im Alltag und er ist auch unabdingbar für eine dauerhafte körperliche und geistige Gesundheit. Hier hört eine spirituell orientierte Lebensweise mit *Ikigai* natürlich nicht auf. Stattdessen geht sie weit darüber hinaus und umfasst dein gesamtes Leben. Denn, wenn du weißt, warum du morgens aufstehst, wirst du noch viele weitere Male morgens gerne aufstehen und du wirst deine Energie und deine Aufmerksamkeit auf diese Sache lenken, die dir Erfüllung, Glück und innere, vollständige Zufriedenheit schenkt. Solltest du dich jemals gefangen gefühlt haben, in all den Anforderungen und Ansprüchen; solltest du dich von den unzähligen Angeboten unter Druck gesetzt gefühlt haben und solltest du jemals das Gefühl gehabt haben, nicht zu wissen, ob du wirklich *dein* Leben lebst, wird dir *Ikigai* aus dieser Situation helfen. Denn nachdem du dein *Ikigai* entdeckt hast, werden all jene Zweifel und Sorgen keine Rolle mehr spielen. Du wirst aus den Angeboten differenzieren können, das Druckgefühl wird verschwinden, da das, was dir guttut fortan der Maßstab deiner Angelegenheiten sein wird, und du wirst mit Sicherheit wissen, *dass* du dein Leben bewusst lebst. Am Ende dieses Buches wirst du hoffentlich eine Idee davon bekommen haben, was *Ikigai* in deinem Leben ändern kann, wie es dir helfen kann, generelle Unzufriedenheit aus deinem Leben zu verbannen, und inwiefern es dich dabei unterstützen kann, sich auf persönlicher Ebene und auch auf spirituelle Art und Weise weiterzuentwickeln. Denn so bietet es dir die Möglichkeit, zu dir zu finden, über dich hinauszuwachsen und die Verbindung zwischen Körper und Geist zu schätzen. Du wirst lernen, zwischen für dich Passendem und für dich Unpassendem zu unterscheiden, und diese Fähigkeit wird dein Leben so viel leichter, schöner und erfüllender machen. Gleichzeitig solltest du nie vergessen, dass der Geist von *Ikigai* in den kleinen, liebevollen Fortschritten liegt. In diesem Sinne suche und finde dein *Ikigai*.

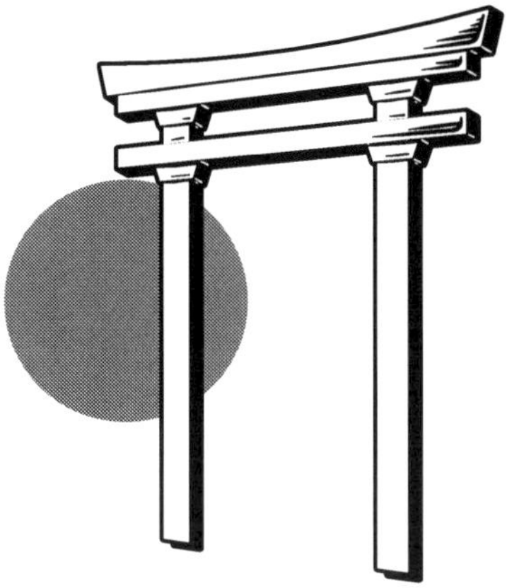

Ausblick

Fokussiere dich auf dich selbst. Wenn du Autor sein willst, schreibe eine Geschichte, die niemand lesen wird; arbeite an Kochmethoden, die erst mal niemand ausprobieren wird; male ein Bild, das niemand kaufen wird. *Ikigai* hat nicht zwangsläufig etwas mit Reichtum und Erfolg zu tun, sondern damit, dass jeder Mensch für etwas Bestimmtes lebt und seine Entscheidungen und seine Leidenschaften danach ausrichtet und lenkt. Wenn die Dinge von Herzen kommen, sind sie authentisch und echt. Wie wahrscheinlich ist es, dass wir ein Bild kaufen, dass uns den Eindruck vermittelt, nur gemalt worden zu sein, um Profit zu erzielen? Wie wahrscheinlich ist es, dass wir eine Geschichte zu Ende lesen, die uns den Eindruck vermittelt, nur geschrieben worden zu sein, weil ihr Thema Aktualität und gesellschaftliche Relevanz genießt? Viel wahrscheinlicher ist es doch, dass wir eine Geschichte lesen, die uns berührt, die uns etwas Neues erzählt und die authentisch ist. Es ist wesentlich wahrscheinlicher, dass wir Dinge schätzen und uns von ihnen inspirieren lassen, wenn wir erkennen können, dass sie aus einer Leidenschaft und Überzeugung geboren wurden. Das reißt uns mit, das beflügelt uns. Und trotzdem sollte immer an erster Stelle stehen, dass du tust, was dich überzeugt. Aus diesem Gefühl der Überzeugung wirst du deine Erfüllung und Befriedigung ziehen – und nicht aus der Anerkennung von außen. Dies ist etwas, was durchaus folgen kann und eine angenehme Belohnung darstellt, dennoch sollte Anerkennung von außen nicht an erster Stelle stehen. Du tust, was du tust, für eine Sache, die *dich* anregt, die *dich* begeistert und fasziniert, die *dir* wichtig ist. Und was die Außenwelt dazu sagt, steht definitiv an zweiter Stelle oder sogar noch weiter hinten. In diesem Sinne: Wenn du dein *Ikigai* noch nicht entdeckt hast, wird dich dieses Buch hoffentlich darin unterstützen, es zu finden und dich von ihm dauerhaft inspirieren zu lassen. Für ein Leben voller Achtsamkeit, Erfüllung, Freude und Entspannung. Für ein erhelltes, inspiriertes, strahlendes Leben mit *Ikigai*. Für *dein* Leben mit *Ikigai*.

Zum Nachforschen

Mogi, Ken: *Ikigai.* Die japanische Lebenskunst.

Miralles, Frances; García, Hector: *Ikigai.* Gesund und glücklich hundert werden.

Weidner, Christopher A.: Wabi-Sabi. Nicht perfekt und trotzdem glücklich.

Robert Kötter; Marius Kursawe: Design your life.

Sinek, Simon: Finde dein Warum.

Lemke, Bettina: Entdecke dein Ikigai.

Impressum

Der Autor wird vertreten durch:
Tom Bernhardt, Spittelleite 6, 96450 Coburg, tom.ber@live.de

Covergestaltung:
Wolkenart - Marie-Katharina Wölk, www.wolkenart.com

Bildnachweise:

© rinrapat – stock.adobe.com
© DiViArts – stock.adobe.com
© Ecaterina Sciuchina – stock.adobe.com
© Kanlayarawit – stock.adobe.com
© Aleksandra Smirnova – stock.adobe.com
© dariaustiugova – stock.adobe.com
© Romispring – stock.adobe.com

Verantwortlich für den Druck:
Amazon Distribution GmbH, Leipzig

Rechtlicher Haftungsausschluss: Dieses Buch enthält Meinungen und Ideen der Autorin und hat die Absicht, Menschen hilfreiches und informatives Wissen zu vermitteln. Die enthaltenen Anleitungen passen möglicherweise nicht für jeden Anwendungsfall, daher besteht keine Garantie, dass diese problemlos funktionieren. Die Benutzung dieses Buches und die Umsetzung der darin enthaltenen Informationen erfolgen ausdrücklich auf eigenes Risiko. **Haftungsansprüche gegenüber dem Verleger und Autor für Schäden materieller oder ideeller Art, die durch die Nutzung fehlerhafter und/oder unvollständiger Informationen verursacht wurden, sind ausdrücklich ausgeschlossen.** Das Werk – inklusiver aller Inhalte – gewährt keine Garantie oder Gewähr für Aktualität, Korrektheit, Vollständigkeit und Qualität der bereitgestellten Informationen. Druckfehler und Fehlinformationen können nicht vollständig ausgeschlossen werden. Bei gesundheitlichen Fragen, Beschwerden oder Problemen konsultieren Sie immer Ihren Arzt!

Printed in Poland
by Amazon Fulfillment
Poland Sp. z o.o., Wrocław

72163401R00087